coleção primeiros passos 67

Juan E. Díaz Bordenave

O QUE É
COMUNICAÇÃO

editora brasiliense

Copyright © by Juan E. Díaz Bordenave
Nenhuma parte desta publicação pode ser gravada,
armazenada em sistemas eletrônicos, fotocopiada,
reproduzida por meios mecânicos ou outros quaisquer
sem autorização prévia da editora.

Primeira edição, 1982
38ª reimpressão, 2017

Diretora editorial: *Maria Teresa B. de Lima*
Editor: *Max Welcman*
Diagramação: *Digitexto Serviços Gráficos*
Produção Gráfica: *Laidi Alberti*
Revisão: *Nydia Lígia Ghilardi*
Capa e ilustração: *Emilio Damiani*

Dados Internacionais de Catalogação na Publicação (CIP)
(Câmara Brasileira do Livro, SP, Brasil)

Díaz Bordenave, Juan E.
O que é comunicação / Juan E. Díaz Bordenave –
São Paulo : Brasiliense, 2017. – (Coleção Primeiros
Passos ; 67)

38ª reimpr. da 1ª ed. de 1982.

1. Comunicação   2. Comunicação - Aspectos
sociológicos   3. Comunicação de massas - Aspectos sociais
I. Título   II. Série

06-160   CDD-302.2

Índices para catálogo sistemático:
1. Comunicação : Ciências Sociais   302.2

editora brasiliense ltda.
Rua Antonio de Barros, 1720 – Bairro Tatuapé
CEP 03401-001 – São Paulo – SP – Fone 3062-2700
E-mail: contato@editorabrasiliense.com.br
www.editorabrasiliense.com.br

SUMÁRIO

– Prólogo 7

– O meio ambiente social da comunicação. 12

– Do grunhido ao satélite 23

– O ato de comunicar 35

– É impossível não comunicar. 50

– Que "significa" isto?. .62

– Os dois gumes da linguagem 76

– O poder da comunicação e a comunicação
    do poder. 92

– Indicações para leitura 102

– Sobre o autor. 107

PRÓLOGO

É oportuno perguntar-se o que é a comunicação. A razão da atualidade da questão não é a comumente mencionada, isto é, o enorme desenvolvimento dos meios tecnológicos de comunicação.

A razão é muito mais profunda. Consiste simplesmente em que, na década de 1970, foi descoberto o "homem social".

As décadas anteriores, particularmente as de 1950 e 1960, preocuparam-se com o conhecimento e, às vezes, com o melhoramento de tudo o que rodeia o homem. Desenvolveram-se bastante o planejamento econômico, o urbanismo, o combate à poluição ambiental, a racionalização do trânsito, os sistemas de comercialização em grande escala.

Mas foi só na década de 1970 que se começou a conceder uma importância concreta ao fato de o homem ser ao mesmo tempo o produto e o criador de sua

8 *Juan E. Díaz Bordenave*

sociedade e sua cultura. Tomou-se em conta que ele está rodeado pelo meio ambiente físico mas, sobretudo, pelo meio ambiente social, composto por outras pessoas com quem ele mantém relações de interdependência.

A primeira reação ante a descoberta do homem social foi aplicar-lhe os modelos mecanicistas e pragmáticos emergentes das ciências físicas e naturais. Acontece, porém, que estes modelos não conceituam adequadamente os mecanismos e processos de interação psíquica e social propriamente humanos. Consequentemente, métodos e procedimentos de planejamento, organização, administração, capacitação etc., aplicados com a melhor boa vontade, têm produzido formas manipulatórias e desumanas de trabalhar com as pessoas.

O caso da educação é ilustrativo. As escolas, assim como os cárceres e outras instituições sociais, organizadas e manejadas segundo modelos espúrios, não respeitam as características e necessidades da vida individual e social. Currículos alienados da realidade (na remota escolinha rural os alunos estudam a geografia da Europa mas não como cuidar das plantas); calendários escolares defasados dos ciclos e ritmos vitais (a época da safra coincide com o período letivo e muitas crianças faltam à escola para ajudar seus pais); disciplinas estanques que dividem em retalhos problemas que aparecem integrados e globais na vida diária; carteiras escolares distribuídas em militares fileiras pouco

O que é comunicação

propícias ao diálogo; estes são alguns dos resultados do planejamento educativo baseado em conceitos anacrônicos do homem social.

E a comunicação? Será que o modo de nossa sociedade usar sua comunicação "social" responde às necessidades das pessoas reais? Os meios de comunicação ajudam na tomada de decisões importantes? Oferecem oportunidades de expressão a todos os setores da população? Fornecem ocasiões de diálogo e de encontro? Estimulam o crescimento da consciência crítica e da capacidade de participação? Questionam os regimes políticos e as estruturas sociais que não respondem aos anseios de liberdade, convívio, beleza, além de não satisfazer às necessidades básicas da população?

Os meios de comunicação, organizados e manejados segundo modelos forâneos verticais e unilaterais, a não ser raras exceções, parecem procurar mais o lucro, o prestígio, o poder e o domínio do que a construção de uma sociedade participativa, igualitária e solidária, onde as pessoas realizem plenamente seu potencial humano.

Existe, então, uma defasagem entre a descoberta do homem social e o conhecimento de como orientar a vida social em função desse homem.

Mesmo o conhecimento talvez não seja suficiente.

Sócrates, o filósofo grego, foi sempre tachado de ingênuo porque afirmava que o conhecimento da verdade leva à virtude. Basta que uma pessoa conheça o que é verdadeiro, dizia ele, para que ela procure viver de acordo com a verdade.

Sócrates era mesmo ingênuo. Entretanto, ainda continua sendo necessário, embora não suficiente, conhecer as coisas para melhorá-las.

É claro que, além de conhecê-las, outras coisas têm que vir – a valorização, a decisão, a ação coletiva. Mas ainda é certo que o homem precisa primeiro conhecer como são as coisas para que se decida a melhorá-las.

Daí a utilidade e atualidade da coleção "Primeiros Passos". Processos e questões que antes eram discutidos só no interior de reduzidos círculos, favorecidos pelo acesso à instrução intelectual, são agora postos ao alcance de milhares de pessoas desejosas de dar os primeiros passos na construção de um espaço mais amplo para sua inteligência e sua atividade.

Um melhor conhecimento da comunicação pode contribuir para que muitas pessoas adotem uma posição mais crítica e exigente em relação ao que deveria ser a comunicação na SUA sociedade.

Além disso, a compreensão do fascinante processo da comunicação pode induzir alguns a gozar mais das infinitas possibilidades, gratuitas e abertas, deste dom que temos de nos comunicarmos uns com os outros.

O que é comunicação

Se este pequeno livro consegue acender alguns pontinhos de luz na mente de alguns leitores, ou aumentar pontinhos já acesos que iluminem espaços cada vez maiores em suas vidas, os esforços do autor e da editora estarão plenamente recompensados.

O MEIO AMBIENTE SOCIAL
DA COMUNICAÇÃO

• Tarde de jogo decisivo no gigantesco estádio. Os gritos de milhares de torcedores levam caloroso apoio aos jogadores. Com fundo de tambores, rojões e foguetes, agitam-se as bandeiras multicoloridas nas arquibancadas. Os alto-falantes informam a composição dos times e as eventuais substituições. Enxames de radinhos de pilha colados aos ouvidos formam um zumbido constante que vira pandemônio quando estoura um gol. Os refletores do estádio e os sinais luminosos do placar eletrônico dão uma atmosfera circense ao espetáculo. Na tribuna de honra as autoridades trocam comentários com os convidados especiais. Dúzias de repórteres e fotógrafos acompanham os lances da partida, enquanto rádio e televisão levam a milhões de pessoas no país inteiro as emoções da grande festa popular.

O que é comunicação 13

• Primeiro dia de sessões da Câmara dos Deputados após o recesso de Natal. As cadeiras, normalmente vazias, estão todas ocupadas. Vota-se hoje o audacioso projeto de reforma agrária apresentado pela oposição. O futuro de milhões de agricultores e suas famílias depende do entrechoque das argumentações, da influência dos grandes interesses, das lealdades manipuladas, da coragem de alguns e da esperteza de outros. Grupos antagônicos de latifundiários, estudantes, agricultores, boias-frias e intelectuais lotam as galerias. Escutam-se, lá fora, os gritos de populares não admitidos no recinto. O policiamento é ostensivo e a tensão no ar é quase tangível. Jornalistas amontoam-se nos lugares reservados para a imprensa. Câmaras de televisão focalizam os atores principais do confronto. A presidência da mesa abre os trabalhos. Microfones e alto-falantes amplificam as intervenções. O debate esquenta. Aplausos e vaias nas galerias obrigam o Presidente a fazer soar a campainha. Desde seus lares, os habitantes do país acompanham o dramático funcionamento da democracia.

• É sábado e a feira livre do bairro está no momento de máxima atividade. Os feirantes – brasileiros, portugueses, italianos – chamam a atenção dos fregueses para os seus preços, escritos com giz nas tabuletas para poder mudá-los quando convier. As donas-de-casa, assustadas pelos preços sempre em aumento, barganham com insistência. Velhos cavalheiros de bermuda carregam sacolas e olham as empregadinhas rebolantes. Senhoras de todas as idades, umas de short, outras elegantes, algumas grávidas, manuseiam chuchus, cheiram peixes, escolhem laranjas, comentam os preços com as demais freguesas. Inspetores da fiscalização passeiam devagar entre as barracas com ares de importância. Barulhentos carrinhos "made in favela", empurrados por rapazolas, transportam as compras das "madames". Vizinhos do mesmo prédio encontram-se e batem um papinho, interrompendo o trânsito de pessoas e carrinhos entre as barracas. Mendigos esperam conversando o fim da feira para catar os ingredientes de seu almoço.

• Hora da novela no lar dos Azevedo. Toda a família está na sala, amontoada em sofás, cadeiras e almofadas. As empregadas olham em pé desde a porta da copa. Uma das filhas tenta conversar com a mãe e é interrompida pelo "Shhhh!!!" de todos os presentes. Chegam uns amigos e imediatamente são silenciados e acomodados. Nos momentos críticos pode-se escutar o voo de uma mosca, tal é o silêncio dos narcotizados. Nesta sala, no apartamento vizinho, em todos os apartamentos do prédio, em todos os prédios da cidade e em todas as cidades do país, todo o mundo está preso aos infortúnios da coitada Heloísa, abandonada pelo marido por sua melhor amiga.

O que é comunicação 15

Episódios como estes constituem o meio ambiente social da comunicação.

A comunicação está presente no estádio de futebol, na Câmara dos Deputados, na feira livre e na reunião familiar.

No estádio de futebol, a comunicação aparece nos gritos da torcida, nas cores das bandeiras, nos números das camisetas dos jogadores, nos gestos, apitadas e cartões do juiz e dos bandeirinhas, no placar eletrônico, nos alto-falantes e radinhos de pilha, nas conversas e insultos dos torcedores, em seus gritos de estímulo, no trabalho dos repórteres, radialistas, fotógrafos e operadores de TV. O próprio jogo é um ato de comunicação. Dias antes já tinha provocado dúzias de mensagens e durante dias a fio ele continuará sendo objeto de comunicação nos botequins, nos escritórios, nas fábricas, nos rádios e jornais.

Na Câmara dos Deputados, a comunicação é a essência mesma de seu funcionamento. Tudo nela foi construído e organizado para fornecer um ambiente adequado à comunicação, desde a forma especial do grande recinto, passando pela posição da mesa e das cadeiras, o acesso aos microfones, o tabuleiro de cômputo dos resultados das votações, até a presença de taquígrafos e distribuidores de discursos. Todo um complexo sistema de normas e de códigos disciplinam a comunicação parlamentar para o cumprimento da função legislativa.

A feira de bairro é um ambiente social não estruturado de comunicação, já que sua função básica é a comercialização de produtos. Entretanto, esta função não poderia ser cumprida sem a comunicação: a exibição de produtos e seus preços, a barganha pela qual vendedores e compradores chegam a um acordo, a própria fixação dos preços e sua modificação durante a feira, são todos atos de comunicação. Mas a feira não é só um mercado de produtos. É também um lugar de encontro. Habitantes do mesmo prédio, que mal se cumprimentam nos elevadores, entretêm-se em demoradas conversas no informal ambiente da feira de seu bairro.

Na hora da novela, as pessoas se "incomunicam" entre si para comunicar-se com a fantasia. A TV já foi chamada de "magia a domicílio", por seu poder de transportar as pessoas a outros mundos onde a rotina e o cansaço cedem lugar à aventura e à emoção. A família reunida para ver a novela constitui um dos microambientes da comunicação, como o são também o papo no escritório, a festinha de aniversário, o casamento, o velório e o piquenique, o mutirão e a missa. Milhões destes microambientes formam o macroambiente social da comunicação.

Então, a comunicação não existe por si mesma, como algo separado da vida da sociedade. Sociedade e comunicação são uma coisa só. Não poderia existir comunicação sem sociedade, nem sociedade sem comunicação. A comunicação não pode ser melhor que sua sociedade nem esta melhor que sua comunicação. Cada sociedade tem a comunicação que merece. "Dize-me como é a tua comunicação e te direi como é a tua sociedade."

Comunicação e socialização

Lembre-se o leitor como se fez gente: sua casa, seu bairro, sua escola, sua patota. A comunicação foi o canal pelo qual os padrões de vida de sua cultura foram-lhe transmitidos, pelo qual aprendeu a ser "membro" de sua sociedade – de sua família, de seu grupo de amigos, de sua vizinhança, de sua nação. Foi assim que adotou a sua "cultura", isto é, os modos de pensamento e de ação, suas crenças e valores, seus hábitos e tabus. Isto não ocorreu por "instrução", pelo menos antes de ir para a escola: ninguém lhe ensinou propositadamente como está organizada a sociedade e o que pensa e sente a sua cultura. Isto aconteceu indiretamente, pela experiência acumulada de numerosos pequenos eventos, insignificantes em si mesmos, através dos quais travou relações com diversas pessoas, e aprendeu naturalmente a orientar seu comportamento para o que "convinha". Tudo isto foi possível graças à comunicação. Não foram os professores na escola que lhe ensinaram sua cultura: foi a comunicação diária com pais, irmãos, amigos, na casa, na rua, nas lojas, no ônibus, no jogo, no botequim, na igreja, que lhe transmitiram, menino, as qualidades essenciais da sociedade e a natureza do ser social.

Contrariamente, então, ao que alguns pensam, a comunicação é muito mais que os *meios de comunicação social*. Estes meios são tão poderosos e importantes na nossa vida atual que às vezes esquecemos que representam apenas uma mínima parte de nossa comunicação total.

Alguém fez, uma vez, uma lista dos atos de comunicação que um homem qualquer realiza desde que se levanta pela manhã até a hora de deitar-se, no fim do dia. A quantidade de atos de comunicação é simplesmente inacreditável, desde o "bom-dia" à sua mulher, acompanhado ou não por um beijo, passando pela leitura do jornal, a decodificação de número e cores do ônibus que o leva ao trabalho, o pagamento ao cobrador, a conversa com o companheiro de banco, os cumprimentos aos colegas no escritório, o trabalho com documentos, recibos, relatórios, as reuniões e entrevistas, a visita ao banco e as conversas com seu chefe, os inúmeros telefonemas, o papo durante o almoço, a escolha do prato no menu, a conversa com os filhos no jantar, o programinha de televisão, o diálogo amoroso com sua mulher antes de dormir, e o ato final de comunicação num dia cheio dela: "boa-noite".

A comunicação confunde-se, assim, com a própria vida. Temos tanta consciência de que comunicamos como de que respiramos ou andamos. Somente percebemos a sua essencial importância quando, por um acidente ou uma doença, perdemos a capacidade de nos comunicar. Pessoas que foram impedidas de se comunicarem durante longos períodos, enlouqueceram ou ficaram perto da loucura.

A comunicação é uma necessidade básica da pessoa humana, do homem social.

Os meios em nossas vidas

Estudos feitos durante greves de jornais demonstraram a intensidade dos sentimentos de privação e frustração que se desenvolvem quando a leitores habituados lhes falta a leitura diária. Pesquisas com telespectadores indicaram que a televisão em geral, e as telenovelas em particular, exercem uma série de influências sobre eles, algumas "positivas" e outras "negativas".

Destas investigações, bem como da experiência de qualquer um de nós, depreende-se a ideia de que os meios desempenham certas *funções* importantes na vida das pessoas.

No caso do jornal, além das funções de tipo "racional", como a provisão de informação (notícias, anúncios etc.), o jornal satisfaz necessidades "não racionais", como o fornecimento de contatos sociais e, indiretamente, de prestígio social. A estas funções agrega-se uma de proporcionar "segurança" aos leitores num mundo sempre perturbado, e uma função "ritualista" ou quase compulsiva para as pessoas que leem o jornal sempre na mesma hora, no mesmo lugar e na mesma sequência.

Outros meios, como o rádio, mostraram desempenhar ainda o papel de "companhia", particularmente para pessoas solitárias.

O rádio e a TV, além de difundirem notícias, diversão e publicidade, cumprem uma função social de "escape", oferecendo uma compensação relaxante para o crescente "stress" da vida moderna. As revistas populares cumprem mais ou menos a mesma função, especialmente as que contêm romances e fotonovelas.

Para muitos leitores e telespectadores, os meios respondem também a suas aspirações de mobilidade social. Talvez por esta razão, os recortes de revistas que cobrem as paredes dos favelados raramente contêm cenas de pobreza e opressão e sim de mansões de luxo, pessoas bem vestidas, personagens aparentemente bem-sucedidos, como astros de cinema, cantores e estrelas de futebol. Os criadores de telenovelas parecem ter chegado a conclusão semelhante, daí por que

O _que é comunicação_ 21

os ambientes em que ocorrem seus melodramas refletem gostos de classe média para cima.

As telenovelas, aliás, são formas de comunicação com um complexo papel social. Para alguns, elas constituem oportunidades de catarse emocional, isto é, uma ocasião para experimentar surpresas, alegrias, sofrimentos e até para dar vazão a sentimentos agressivos. A identificação do ouvinte com os personagens e suas alegrias e sofrimentos parece produzir uma sensação positiva, já que significa compartilhar os próprios problemas com alguém mais importante. O sucesso obtido pelos personagens parece cumprir a função de compensar e aliviar carências e fracassos dos ouvintes. Assim, uma mulher cuja filha abandonou o lar para casar-se com um homem que está ausente todas as noites, assiste a novelas que pintam uma vida familiar feliz e uma esposa bem-sucedida.

As telenovelas são também escutadas como fonte de orientação e conselho: "Se você assiste a novelas e algo acontece em sua própria vida – afirmam alguns telespectadores – você sabe o que fazer porque já viu algo semelhante na novela." Há pessoas que resolvem fazer regime porque viram um personagem de novela fazendo regime. Outras aceitam a situação em que se encontram lembrando que, numa certa novela, o personagem fez isto mesmo e se deu bem.

Importantes como eles são, é um erro, porém, considerar os meios de comunicação social como representando o maior vulto na comunicação global da sociedade. Uma maior proporção desta acontece na vida familiar e de relação diária entre as pessoas, no trabalho, na recreação, no comércio e no esporte.

A comunicação interpessoal, característica da sociedade tradicional, que muitos pensavam que seria suplantada pela comunicação impessoal dos meios eletrônicos, hoje está de novo em ascenso, talvez como uma reação contra a massificação e o comercialismo dos meios de massa. Mas a razão mais provável da revalorização do colóquio, do encontro, do bate-papo, talvez seja porque o homem-indivíduo está encontrando sua identidade verdadeira de homem-social. No seio do associativismo em ascensão e da luta pelo fortalecimento da "sociedade civil", o homem está reaprendendo a comunicação pessoa a pessoa.

DO GRUNHIDO AO SATÉLITE

Assim como cresce e se desenvolve uma grande árvore, a comunicação evoluiu de uma pequena semente – a associação inicial entre um signo e um objeto – para formar linguagens e inventar meios que vencessem o tempo e a distância, ramificando-se em sistemas e instituições até cobrir o mundo com seus ramos. E não contente em cobrir o mundo, a grande árvore já começou a lançar seus brotos à procura das estrelas.

A comunicação humana tem um começo bastante nebuloso. Realmente não sabemos como foi que os homens primitivos começaram a se comunicar entre si, se por gritos ou grunhidos, como fazem os animais, ou se por gestos, ou ainda por combinações de gritos, grunhidos e gestos.

Durante bastante tempo discutiu-se a origem da fala humana. Alguns afirmavam que os primeiros sons usados para criar uma linguagem eram imitações dos sons da natureza: o cantar do pássaro, o latido do cachorro, a queda-d'água, o trovão. Outros afirmavam que os sons humanos vinham das exclamações espontâneas como o "ai" da pessoa ferida, o "ah" de admiração, o "grrr" da fúria.

Nada impede que se pense também que o homem primitivo usasse sons produzidos pelas mãos e os pés, e não só pela boca. Poderia ainda ter produzido sons por meio de objetos, como pedras ou troncos ocos.

Qualquer que seja o caso, o que a história mostra é que os homens encontraram a forma de associar determinado som ou gesto a certo objeto ou ação. Assim nasceram o *signo*, isto é, qualquer coisa que faz referência a outra coisa ou ideia, e a *significação*, que consiste no uso social dos signos. *A atribuição de significados a determinados signos é precisamente a base da comunicação em geral e da linguagem em particular.*

Outra grande invenção humana foi a *gramática*, isto é, o conjunto de regras para relacionar os signos entre si. As regras de combinação são necessárias pela seguinte razão: se o homem possui um repertório de signos, teoricamente poderia combiná-los de infinitos modos. Se cada pessoa combinasse seus signos a seu modo, seria muito difícil comunicar-se com os outros. Graças à gramática, o significado já não depende só dos signos mas também da estrutura de sua apresentação.

O que é comunicação 25

É por isso que não é a mesma coisa dizer: "Um urso matou meu pai", que dizer: "Meu pai matou um urso."

De posse de repertórios de signos, e de regras para combiná-los, o homem criou a linguagem.

Eventualmente os homens aprenderam a distinguir modos diversos de usar a linguagem: modo indicativo, declarativo, interrogativo, imperativo, traduzindo as diferentes intenções dos interlocutores.

Compreendeu-se que, na linguagem, algumas palavras tinham a função de indicar ação, outras de nomear coisas, outras de descrever qualidades ou estados das coisas etc. Evidentemente, quando criaram a linguagem, os homens primitivos não imaginavam que estas funções algum dia receberiam os nomes de verbo, substantivo, adjetivo, advérbio etc.

Vencer o tempo e a distância

Parece haver poucas dúvidas de que a primeira forma organizada de comunicação humana foi a linguagem oral, quer acompanhada ou não pela linguagem gestual.

A linguagem oral, entretanto, sofre de duas sérias limitações: a falta de permanência e a falta de alcance. Daí o fato de que os homens tenham apelado a modos de *fixar* seus signos e a modos de *transmiti-los a distância*.

Juan E. Díaz Bordenave

Para fixar seus signos o homem utilizou primeiro o desenho e mais tarde a linguagem escrita. Desenhos primitivos, pintados por homens da era Paleolítica (entre 35000 e 15000 anos antes da era cristã), foram achados em cavernas como as de Altamira, Espanha, e Dordogne, França.

Ali se observam cenas de caça envolvendo animais e pessoas. Não se sabe se o propósito destas figuras era mágico, estético ou simplesmente expressivo ou comunicativo.

Os egípcios, cerca de 3000 anos antes de Cristo, representavam aspectos de sua cultura por meio de desenhos e gravuras colocados nas casas, edifícios e câmaras mortuárias.

Para resolver o problema do alcance, o homem inicialmente apelou a signos sonoros e visuais, tais como o tantã, o berrante, o gongo, os sinais de fumaça. Mas uma solução mais decisiva foi encontrada com a invenção da escrita, lá pelo século IV antes de Cristo. As mensagens escritas, com efeito, podem ser transportadas a qualquer distância.

A linguagem escrita evoluiu a partir de *dos pictogramas*, signos que guardam correspondência direta entre a imagem gráfica (desenho) e o objeto representado. O desenho de uma mulher significava isso mesmo, mulher; o desenho de um sol significava o sol, e assim por diante. Os hieróglifos do antigo Egito são um exemplo da escrita pictográfica.

Chegou um momento em que o homem sentiu-se demasiadamente limitado pela necessidade de que a cada signo correspondesse um objeto. Passou então a usar signos não para representar *objetos*, mas para representar *ideias*. Assim, para indígenas da América do Norte a figura de um pássaro voando significava "pressa", e a paz era representada por um cachimbo. Os antigos egípcios representavam a alma por meio de um pássaro com cabeça de homem. Este tipo de escrita recebeu o nome de *ideográfica*, e dela são exemplos o chinês e o japonês.

A escrita inicialmente seguia a mesma sequência que a língua falada. Nos primeiros pictogramas e ideogramas a sequência dos signos reproduzia a cronologia dos eventos narrados. Se um caçador jejuava, logo depois reunia suas armas e mais tarde matava um animal, estes eventos sucessivos seriam desenhados em tal ordem.

Um grau ainda maior de liberdade foi alcançado quando os homens perceberam que as palavras ou os nomes de objetos compunham-se por unidades menores de som (fonemas), e que, por conseguinte, os signos podiam representar estas unidades de som e não mais objetos ou ideias. Esta descoberta serviu de base para a escrita chamada *fonográfica*, em que os signos representam sons. Os sons elementares são combinados em sequências de diversos comprimentos para representar ideias.

O fato de os signos gráficos passarem a representar unidades de som menores que as palavras deu nascimento ao conceito de *letras*, tais como A, B, C etc. Com estas letras constituíram-se os *alfabetos*, onde cada letra representa um certo som.

Isto era o que se necessitava para facilitar um maior alcance da linguagem escrita, pois qualquer pessoa podia aprender a combinar os sons sem ser obrigado a conhecer as equivalências dos signos gráficos com ideias e objetos determinados.

O que faltava para conquistar a distância era um meio de transportar signos mais prático que as pedras e os pergaminhos de couro. Os chineses parecem ter sido os primeiros a inventar o papel e também os tipos de imprensa móveis. Os tipos usados pelos chineses eram feitos de barro cozido, de estanho, de madeira e de bronze.

Apesar de existirem alfabetos, por muitos séculos a cultura transmitiu-se oralmente, por meio da linguagem falada, e visualmente, por meio das *imagens*. O uso de imagens para a difusão da cultura – que muitos consideram um fenômeno moderno – é realmente muito antigo. Lembremo-nos, por exemplo, que durante a Idade Média o povo não tinha acesso à linguagem escrita (restrita aos monges e às pessoas

O *que é comunicação* 29

letradas), mas os vitrais das catedrais comunicavam-lhe, através de coloridas imagens, toda a história sagrada sobre a qual fundamentava-se sua fé religiosa e grande parte de sua cultura.

Os meios de comunicação

Paralelamente à evolução da linguagem, desenvolveram-se também os meios de comunicação. Gutenberg inventou a tipografia, e o papel aperfeiçoou-se fazendo-se mais resistente e mais leve, de modo que os livros, antes copiados laboriosamente a mão pelos monges *amanuenses*, puderam ser impressos repetidamente em muitos exemplares. A indústria gráfica associou-se a invenções da mecânica, da química, da eletrônica etc., até chegar hoje às impressoras computadorizadas, capazes de receber sinais transmitidos por satélites e imprimir edições inteiras de jornais em vários países ao mesmo tempo.

A invenção da fotografia teve um impacto muito mais forte sobre o desenvolvimento da comunicação visual do que normalmente se pensa. Ela possibilitou a ilustração de livros, jornais e revistas; inspirou o cinema, primeiro mudo, mais tarde sonoro; aliada à eletrônica, culminou na transmissão das imagens via televisão.

O alcance da comunicação foi assegurado de maneira definitiva pela invenção dos meios eletrônicos que aproveitam diversos tipos de ondas para transmitir signos: o telégrafo, o telefone, o rádio, a televisão e, finalmente, o satélite.

O domínio das ondas eletromagnéticas pelo homem reduziu o tamanho do mundo e o transformou numa "aldeia global". Se alguns anos atrás uma notícia precisava de quatro meses para chegar da Europa à América do Sul, hoje não demora mais que segundos.

A influência social dos meios aumentou na medida de sua penetração e difusão. As técnicas de impressão aperfeiçoadas permitiram o uso de várias cores, tiragens de milhões, formatos originais em jornais, revistas, livros, folhetos e cartazes. O rádio estendeu a voz do homem através de montanhas e desertos, até os lares mais humildes e isolados. O cinema, ao incorporar o som e a cor, ao ampliar a tela e empregar lentes especiais, oferece uma expressão cada dia mais fiel da realidade. A televisão juntou o alcance geográfico do rádio às potencialidades visuais do cinema e se converteu numa "magia a domicílio".

A ciência e a tecnologia da comunicação produzem constantemente inovações cada vez mais sofisticadas. A vinculação dos meios de comunicação com os de processamento de dados gerou uma nova ciência: a *informática*. A invenção dos microcomputadores promete colocar ao alcance de qualquer pessoa os recursos informativos de centenas de bancos de dados distribuídos em todos os países. A teleconferência, pela

A comunicação orientando os comportamentos.

qual pessoas localizadas em diferentes cidades podem conversar simultaneamente, vendo-se mutuamente nas telas e trocando informações escritas ou gráficas, é apenas um dos numerosos milagres da *telemática*. O videoteipe e o videodisco são já realidades que só esperam o barateamento dos custos para se popularizarem. A câmara fotográfica de revelação instantânea já é utilizada por milhões de pessoas.

A indústria da comunicação

Ora, para explorar comercialmente as capacidades tecnológicas dos meios de comunicação, organizaram-se empresas jornalísticas, editoriais e teledifusoras. Para colher o material que elas necessitam, formaram-se agências noticiosas, como a Reuter, da Inglaterra, a France Press, da França, e a Associated Press e United Press, dos Estados Unidos.

Para construir a infraestrutura física necessária à transmissão massiva de mensagens, criaram-se empresas fabricantes de aparelhos emissores, transmissores e receptores, assim como de satélites e outros materiais. A indústria da comunicação passou à casa dos bilhões de dólares e transnacionalizou-se, instalando fábricas e conquistando mercados em todos os continentes.

Ao mesmo tempo que os engenheiros eletrônicos aperfeiçoavam as capacidades técnicas dos meios

O que é comunicação

de comunicação, conhecido como "hardware" ou equipamento pesado, psicólogos, sociólogos, politicólogos e comunicólogos de todo o mundo desenvolveram a arte da elaboração das mensagens, pesquisando as condições ótimas de percepção, decodificação, interpretação e incorporação de seus conteúdos.

Pela prática profissional, pela pesquisa e pela competição recíproca, melhoram-se constantemente a redação de notícias e artigos, a elaboração de programas de rádio e TV, a preparação de anúncios publicitários e a produção de filmes e videocassetes.

Paralelamente, deu-se um fenômeno interessante: a utilização dos meios de comunicação como parte do processo educativo formal e não-formal. No mundo inteiro a rádio e a TV, e mais recentemente os microcomputadores, passaram a formar parte da bagagem instrumental da chamada Tecnologia Educativa.

Este processo de desenvolvimento de aparelhos ("hardware") e das técnicas de programação e produção ("software") foi acompanhado de um tremendo aumento de influência e poder da comunicação na sociedade. O impacto dos meios sobre as ideias, as emoções, o comportamento econômico e político das pessoas, cresceu tanto que se converteu em fator fundamental de poder e de domínio em todos os campos da atividade humana.

A chamada "indústria cultural", isto é, a exploração comercial dos recursos da comunicação, tornou-se uma das mais atraentes inversões de capital e, consequentemente, grandes corporações multinacionais passaram a ser proprietárias de redes de comunicação e de empresas que manufaturam equipamentos para elas próprias.

A comunicação elevou-se ao nível de um dos grandes problemas políticos do mundo, até o ponto de obrigar a Unesco a criar uma *Comissão de Estudo dos Problemas da Comunicação*, com 16 membros, presidida por um ex-Prêmio Nobel da Paz, bem como a preocupar-se com o estabelecimento de uma *Nova Ordem Mundial da Informação*.

Dentro de cada nação, o controle da comunicação adquiriu suma importância, visto que ela pode estabilizar ou desestabilizar governos. A Unesco iniciou uma campanha mundial para conseguir que cada país tenha sua *Política Nacional de Comunicação*, provocando com isto o antagonismo das associações internacionais de proprietários de meios de comunicação social.

Assim se desenvolveu a grande árvore da comunicação. Começou com os grunhidos e os gestos dos poucos homens recém-emergidos da animalidade original, evoluiu e se enriqueceu em seu conteúdo e em seus meios, ganhando cada vez maior permanência e alcance, aumentando sua influência nas pessoas e, através delas, incidindo na cultura, na economia e na política das nações.

O ATO DE COMUNICAR

• O velho artesão de Petrolina mostra a seu filho como se faz uma carranca de barro. O menino pega um pouco de barro e tenta fazer o mesmo que viu fazer. O menino pergunta, o velho responde. O velho corrige, aprova, mostra. Meses depois, o menino leva para a feira seus primeiros trabalhos de artesão.

• A peça vai começar no teatro lotado. O ator maquila-se no camarim. A cortina se levanta. Cena trás cena, os atores dialogam no palco, a plateia pendente de suas palavras. O ator diz as linhas decoradas com tanta sinceridade e sentimento como se fossem próprias. O coração do público se comove e algumas pessoas choram na plateia. A peça termina com o estrepitar dos aplausos.

• O famoso locutor de rádio lê no microfone as notícias nacionais e internacionais. Concentra-se tanto no roteiro escrito, para não pular palavras, que não lembra que, nesse momento, mais de três milhões de pessoas o estão escutando. As notícias que divulga, porém, afetam as vidas de muitos ouvintes.

O que há de comum nestas três situações: o artesão e seu filho, o ator e sua plateia, o locutor e seu público?

O que há de comum é que todas as três são ATOS DE COMUNICAÇÃO.

O que é, então, a comunicação?

Há duas maneiras de definir o que é uma coisa: enumerar os elementos de que está composta ou indicar para que serve. Pode-se definir o automóvel, por exemplo, dizendo que é um conjunto formado por motor, carroçaria e rodas. Mas seria ainda melhor defini-lo como um veículo autopropulsado que serve para transportar pessoas e coisas de um lugar a outro.

E para que serve a comunicação?

Serve para que as pessoas se relacionem entre si, transformando-se mutuamente e a realidade que as rodeia.

Sem a comunicação cada pessoa seria um mundo fechado em si mesmo. Pela comunicação as pessoas compartilham experiências, ideias e sentimentos. Ao se relacionarem como seres interdependentes, influenciam-se mutuamente e, juntas, modificam a realidade onde estão inseridas.

De que elementos consta a comunicação?

Analisemos as três situações de comunicação, acima.

- O artesão ensina seu filho a fazer carrancas de cerâmica.

  Compartilha com ele conhecimentos e experiência. Ambos usam palavras, gestos, objetos e movimentos como meio para trocar suas percepções e intenções. O barro da terra se transforma em uma nova realidade. Ao mesmo tempo, o pai e o filho se modificam: o velho torna-se, mais que pai, mestre; e o filho converte-se em artesão.

- O ator e a plateia se comunicam: o ator diz suas palavras, faz seus gestos, caminha, pula, se ajoelha. A plateia, embora não fale com palavras, o faz com seu silêncio, suas lágrimas, seus aplausos. O ator e o público se transformam: o ator sente-se mais seguro, mais bem compreendido, até mais querido. O público volta à rotina de sua própria vida com novas percepções, novas perguntas, às vezes mais calmo, às vezes mais angustiado. A realidade social recebe o impacto do teatro: ela reflete sobre si mesma através do drama e da comédia representados no palco.

- O locutor de rádio se comunica com o seu público. Para manter a atenção de seus ouvintes enquanto transmite os acontecimentos do dia, ele usa, além de suas palavras, música e efeitos de som. Um complexo mecanismo tecnológico – a

38   *Juan E. Díaz Bordenave*

emissora – leva suas palavras até milhões de receptores, de tal modo que as recebam simultaneamente. Embora os ouvintes não tenham condições para dialogar com o locutor, como dialogam o artesão e seu filho, tanto o locutor como os ouvintes se transformam, mesmo que imperceptivelmente. E a realidade também se transforma por efeito da difusão das notícias.

Quais, então, são os elementos comuns aos três atos de comunicação?

- Em primeiro lugar, nos três casos temos uma *realidade* na qual a comunicação se realiza. As pessoas não se comunicam num vazio, mas dentro de um ambiente, como parte de uma situação, como momento de uma história. O artesão e seu filho conversam em Petrolina, no sertão pernambucano, num ambiente de classe pobre, de gente que vive do artesanato por gerações, dentro de uma comunidade que tem uma história, uma tradição, uma cultura e uma esperança. Tudo isto – o passado, o presente e o futuro – está presente no mais simples ato de comunicação. A realidade influi sobre o comunicar e o comunicar influi sobre a realidade.

- Em segundo lugar, nos três casos há *pessoas* que desejam partilhar alguma coisa: conhecimentos, emoções, informações. Estes são os *interlocuto-*

O que é comunicação 39

res (os que falam entre si). Num momento dado cada interlocutor é fonte de comunicação e noutro é receptor.

- As coisas que se deseja compartilhar é outro elemento da comunicação, que chamaremos de *mensagem*. Inicialmente, as mensagens vivem apenas na mente (ou no coração) dos interlocutores. Mas, durante a comunicação, elas aparecem de modo a que possam ser ouvidas, vistas e tocadas.
- O quarto elemento viria então a ser *a forma* como a mensagem se apresenta: as palavras, os gestos, os olhares, os movimentos do corpo. As formas que representam as ideias e as emoções chamam-se *signos*. Signo é todo objeto perceptível que de alguma maneira remete a outro objeto, toma o lugar de outra coisa. Se pudéssemos influir diretamente nas mentes de outras pessoas não precisaríamos de signos para transmitir nossas ideias e emoções. Mas nem sempre podemos. Daí a necessidade de "significar" nosso mundo interior para poder compartilhá-lo com os demais. Em geral, os signos formam conjuntos organizados chamados *códigos*. A língua portuguesa, o código Morse, os sinais de trânsito, o sistema Braile para cegos, são conjuntos organizados de signos.

40 — Juan E. Díaz Bordenave

- O quinto elemento da comunicação seriam os *meios* que os interlocutores utilizam para levar suas palavras ou seus gestos às outras pessoas. O artesão usa o barro, suas mãos, sua voz, como meios para comunicar seus conhecimentos ao filho; o ator usa sua voz, o palco, as luzes da ribalta, a maquilagem, a música, as roupas especiais; o locutor emprega sua voz, o roteiro, o disco, a fita gravada, a emissora de rádio em geral.

Resumindo, os elementos básicos da comunicação são:

- a *realidade* ou *situação* onde ela se realiza e sobre a qual tem um efeito transformador;
- os *interlocutores* que dela participam;
- os *conteúdos* ou *mensagens* que elas compartilham;
- os *signos* que elas utilizam para representá-los;
- os *meios* que empregam para transmiti-los.

É importante assinalar que a própria natureza encarregou-se, durante o longo curso da evolução de nossa espécie, de nos preparar para a comunicação. Ela nos forneceu os órgãos capazes de criar signos e também os órgãos que podem recebê-los e interpretá-los.

Assim, a boca humana é capaz de produzir infinitas combinações de sons, e o ouvido pode captar e distinguir milhares dessas combinações. O rosto, os olhos e as mãos podem mover-se de mil maneiras para criar gestos expressivos. E os olhos podem captar esses movimentos, distingui-los e combiná-los. E por trás de tudo isso está o *cérebro humano*, computador de infinita sutileza, que recebe os sons, os movimentos e as luzes, combina-os e, apelando à memória de milhões de experiências prévias, interpreta o que estes estímulos representam para a pessoa.

De posse dos *elementos* da comunicação, estamos em condições de analisar como funciona este complexo processo.

As fases do processo

É teórica e praticamente impossível dizer onde começa e onde termina o processo da comunicação. Razões internas ou externas podem levar duas pessoas a se comunicarem. Embora a fase visível da comunicação possa ser iniciada por uma delas, sua decisão de comunicar pode ter sido provocada pela outra, ou por uma terceira pessoa, presente ou ausente, ou por muitas causas coincidentes.

Não é possível, assim, enumerar as fases de uma comunicação como se fossem partes de uma sequência linear e ordenada. A comunicação, de fato, é um processo multifacético que ocorre ao mesmo tempo em vários níveis – consciente, subconsciente, inconsciente –, como parte orgânica do dinâmico processo da própria vida.

Qualquer tentativa de "dissecar" o processo vital da comunicação é um exercício pouco realista, embora possa ter utilidade didática ou explicativa.

Contudo, podem ser mencionadas algumas fases que costumam participar do processo da comunicação. As fases podem se dar em qualquer ordem, ou simultaneamente, e podem até entrar em conflito umas com as outras. Vejamos:

- *A pulsação vital:* A dinâmica interna de qualquer pessoa está sempre pulsando, fervendo, vibrando, como verdadeiro caldeirão vital onde se encontram em ebulição pensamentos, lembranças, sentimentos, novas sensações e percepções, desejos e necessidades. A pulsação vital ocorre em todo o corpo, mas seu centro é o cérebro. O organismo humano comporta-se, então, como um sistema aberto em constante interação consigo mesmo e com o meio ambiente.

- *A interação:* A pulsação vital permanente no interior da pessoa consiste num precário equilíbrio dinâmico que, para ser mantido, tem obrigatoriamente de se adaptar ao meio ambiente físico e social que rodeia o organismo, quer se acomodando a ele, quer tentando transformá-lo. Em outras palavras, a pessoa necessita entrar em interação com o meio ambiente. Ora, uma das maneiras de interagir com o meio ambiente é a comunicação.

O que é comunicação 43

A pessoa emite e recebe mensagens por todos os canais disponíveis: olhos, pele, mãos, língua, ouvido. Entretanto, a pessoa não emite tudo o que ela contém nem recebe tudo o que a ela vem do meio ambiente. De modo que outra fase do processo é a seleção.

- *A seleção:* Deste caldeirão onde fervem as experiências da pessoa, seus conhecimentos e crenças, valores e atitudes, signos e capacidades, a pessoa seleciona alguns elementos que deseja compartilhar com outras pessoas. Às vezes esta seleção é provocada por estímulos que vêm de fora, outras vezes pela decisão da própria pessoa de tornar consciente – para refletir sobre eles – alguns elementos de seu repertório.
- *A percepção:* No caso de estímulos que vêm de fora, o homem "sente" a realidade que o rodeia por meio de seus sentidos – vista, ouvido, olfato, tato e paladar –, e assim percebe as palavras, gestos e outros signos que lhe são apresentados.
- *A decodificação:* Percebidos os signos, a pessoa tem que determinar o que eles representam, a que código pertencem. Como o artesão e seu filho pertencem ambos à mesma cultura – a nordestina –, os signos que eles usam têm o mesmo significado para os dois. De fato, eles usam o mesmo código: para falar, usam o idioma português

(com suas variações regionais e locais); para gesticular, usam os gestos que aprenderam de seus antepassados. Então, tão logo o filho percebe as palavras e os gestos de seu pai, ele os *decodifica*, isto é, para cada signo, encontra, na sua memória, um objeto ou ideia correspondente.

- *A interpretação:* Às vezes, entretanto, mesmo que o filho decodifique as palavras e os gestos do pai, não entende claramente o sentido ou o significado da mensagem. O que ele entende é diferente do que o pai pretendia que entendesse. "Pai, não estou entendendo o que o senhor quer que eu faça." Além da decodificação, então, vem outra fase, a de interpretação, que consiste em compreender não apenas o que cada palavra significa, mas o que a mensagem inteira pretende dizer. A interpretação exige que se coloque a mensagem em um contexto, que se a compare com outros elementos do repertório e com o conhecimento que se tem das intenções do interlocutor. Qualquer pessoa, por exemplo, pode decodificar as palavras ser-ou-não-ser-essa-é-a-questão; porém, quantas pessoas interpretam o verdadeiro significado da frase: "Ser ou não ser, essa é a questão"?
- *A incorporação:* Se a mensagem é interpretada de uma maneira tal que a pessoa não se considera

ameaçada em seu sistema de ideias, valores e sentimentos, a mensagem é facilmente incorporada ao repertório ou acervo. A flexibilidade mental do receptor, sua mente aberta ou fechada, seu nível de tensão ou ansiedade, sua segurança ou autoconfiança etc., intervêm na aceitação ou rejeição da mensagem. As vezes a incorporação é só parcial e uma parte da mensagem é rejeitada.

• *A reação:* Os resultados da incorporação da mensagem na dinâmica mental própria do receptor podem ser claramente visíveis, como quando a pessoa, considerando-se insultada pela mensagem, agride seu interlocutor. Mas, às vezes, a transformação provocada pela mensagem é puramente interna. Quando o ator no teatro consegue emocionar sua plateia, pode aparecer externamente pouca demonstração de que internamente ela esteja comovida.

As funções da comunicação

O sistema de signos que o homem criou para sua comunicação não é um conjunto mecânico de peças que se armam como um quebra-cabeças seguindo normas de engenharia da linguagem. A comunicação é um produto *funcional* da necessidade humana de expressão e relacionamento. Por conseguinte, ela satisfaz uma série de funções, entre as quais as que se seguem:

— Função instrumental: satisfazer necessidades materiais ou espirituais da pessoa.
Exemplos: "Eu quero isto", "Tenho fome", "Estou caindo", "Preciso um conselho seu", "Ajude-me a resolver este problema".
— Função informativa: apresentar nova informação.
Exemplos: "Tenho algo para te dizer", "Atenção! O Conselho de Segurança da ONU votou 10 contra 1...".
— Função regulatória: controlar o comportamento de outros.
Exemplos: "Faça como eu lhe digo", "Será que tenho que repetir a mesma coisa para você um milhão de vezes? Obedeça a lei".
— Função interacional: relacionar-se com outras pessoas.
Exemplos: "Você e eu vamos tomar conta disso tudo", "Eu amo você".
— Função de expressão pessoal: identificar e expressar o "eu".
Exemplos: "Sou contrário aos regimes de direita", "Eu amo a liberdade mas também defendo a justiça social".

O que é comunicação

— Função heurística ou explicativa: explorar o mundo dentro e fora da pessoa.

Exemplos: "Pai, por que a lua muda de tamanho?", "Como é que a criança aprende a falar?".

— Função imaginativa: criar um mundo próprio de fantasia e beleza.

Exemplos: "Vamos fazer de conta que...", "Havia uma vez um rei...", "O que eu faria se ganhasse na loteria esportiva?".

Outra função da comunicação é indicar a qualidade de nossa participação no ato de comunicação: que papéis tomamos e impomos aos outros, que desejos, sentimentos, atitudes, juízos e expectativas trazemos ao ato de comunicar.

E a comunicação deve fazer tudo isto ao mesmo tempo, de maneira tal que o que se está dizendo coincida com a forma com que se diz e com o contexto social em que se fala. A comunicação não apresenta uma pilha de signos e símbolos, senão um *"discurso"*, isto é, uma obra de sentido e de coerência que somente nós, homens, podemos construir.

As qualidades únicas da comunicação humana destacam-se quando a comparamos com a comunicação animal. Porque os animais também possuem signos, órgãos emissores e órgãos receptores. Mas os signos animais não foram criados deliberada e arbitrariamente como foram criados os signos humanos. Aqueles formam parte automática do equipamento genético da espécie. Como tais, eles não mudam nunca. O cachorro de Cleópatra no antigo Egito latia da mesma maneira e nas mesmas circunstâncias em que late hoje o cachorro de Elizabeth Taylor em Hollywood. Tampouco os animais inventam signos novos ou modificam o significado dos antigos.

É que os signos dos animais parecem ser mais *sinais* que signos: eles indicam reações a estímulos presentes ou lembrados. Os animais se comunicam da mesma maneira instintiva com a qual constróem seus ninhos, fogem dos perigos e copulam para reproduzir sua espécie.

Daí que a comunicação animal carece do potencial de beleza e de paixão que o homem coloca em suas mensagens. Beethoven, surdo, compondo sua Sonata Patética para expressar a tormenta que rugia em sua alma desesperada, é um fenômeno exclusivamente humano. Como é unicamente humana a despedida do coronel Moscardó de seu filho refém, que seria fuzilado se o pai não entregasse o Alcázar de Toledo, durante a Guerra Civil Espanhola:

"Candido Cabello, chefe da milícia em Toledo, telefonou ao Coronel Moscardó dizendo-lhe que se não entregasse o Alcázar dentro de dez minutos, ele, Cabello, matar-lhe-ia o filho, Luis Moscardó, a quem havia capturado naquela manhã. 'E para que veja que é verdade, ele próprio vai falar-lhe', acrescentou Candido Cabello. Então Luis Moscardó disse ao telefone a palavra 'Papai'. 'Que se passa, meu filho?', perguntou o coronel. 'Nada', respondeu o filho, 'Eles dizem que me matarão se o Alcázar não se render'. · 'Se for verdade', replicou o Coronel Moscardó, 'encomenda a tua alma a Deus, grita 'Viva Espanha' e morre como um herói. Adeus, meu filho, um derradeiro beijo.' 'Adeus, meu pai', respondeu Luis, 'um beijo bem grande'. Candido Cabello voltou ao telefone e o coronel Moscardó anunciou-lhe que não precisava de prazo para decidir. 'O Alcázar jamais se renderá', declarou antes de desligar o telefone. Luis Moscardó foi morto a 23 de agosto."

(*A Guerra Civil Espanhola*, por Hugh Thomas, Editora Civilização Brasileira, 1964, p. 244).

É IMPOSSÍVEL NÃO COMUNICAR

É necessário compreender que a comunicação não inclui apenas as mensagens que as pessoas trocam *deliberadamente* entre si. Além das mensagens trocadas conscientemente, com efeito, muitas outras são trocadas sem querer, numa espécie de paracomunicação ou paralinguagem.

O tom das palavras faladas, os movimentos do corpo, a roupa que se veste, os olhares e a maneira de estreitar a mão do interlocutor, tudo tem algum significado, tudo comunica. Quer dizer que, praticamente, é impossível não comunicar. Quando um pai diz para um de seus filhos: "Tenha cuidado com o martelo porque você pode se machucar", e para outro filho diz: "Veja se não faz as mesmas besteiras de sempre com o martelo!!", embora seu propósito consciente seja o de advertir ambos sobre os perigos do marte-

O que é comunicação
51

lo, as diferenças nas palavras escolhidas e no tom de voz usado com cada filho comunicam uma mensagem secundária bastante clara: o pai não gosta igualmente dos dois filhos.

Às vezes, até mesmo o silêncio comunica. Quando uma pessoa deixa de responder às perguntas ou incitações de outra, ou quando trata de ignorar a sua presença, seu silêncio é mais eloquente que qualquer conjunto de palavras. O marido, que lê seu jornal sem admitir conversa alguma enquanto almoça com sua mulher, comunica a ela que está mais interessado na leitura que no diálogo.

Às vezes, o que a palavra não comunica é transmitido pelos olhos ou pelas mãos. Os bons jogadores de pôquer são tão poucos porque são poucas as pessoas capazes de "blefar" sem que se note em seus olhos que estão blefando. Contrabandistas amadores são presos nas alfândegas porque seu nervosismo, na iminência da revista, delata que estão introduzindo algo proibido.

Uma ocasião muito interessante para observar o funcionamento da paracomunicação são os debates de políticos na televisão. Parte dos comportamentos observados são evidentemente deliberados como, por exemplo, uma atitude calma e repousada, para indicar segurança e competência. Mas grande parte das manifestações somáticas dos interlocutores, tais como olhares, movimentos das mãos, risadas, tiques nervosos, palidez ou rubor etc., são involuntários e até inconscientes. O telespectador, em todo caso, recebe tantas mensagens sobre os mesmos candidatos como sobre os assuntos debatidos.

Isto nos leva a comentar o chamado "carisma" de certas pessoas, entendendo por tal os efeitos que elas produzem sobre o público, sem que seja possível especificar precisamente as qualidades que provocam esses efeitos. Carlos Lacerda, Juscelino Kubitscheck, Jânio Quadros, exerciam complexas influências sobre as massas, sendo difícil explicá-las através da mera análise de suas qualidades.

A mesma coisa acontece com os artistas populares. Arthur da Távola, por exemplo, percebeu o misterioso "carisma" comunicativo das grandes cantoras e atrizes brasileiras e escreveu em O *Globo:*

> "Gal transmite ao lado do 'texto', isto é, do que fala e canta, uma série de outras mensagens de alto poder comunicativo que se somam à sua figura de comunicação, modelando-a. Que mecanismos secretos explicarão a relação da atriz Elizabeth Savalla com o povão? Ela é boa atriz e moça bonita, mas há centenas de outras boas atrizes e moças bonitas que não estabelecem os mesmos mecanismos secretos de comunicação."

Arthur da Távola comenta que esses mecanismos atuam em níveis mais fundos que os da percepção consciente: "Eles excitam mecanismos guardados e desconhecidos, difíceis de definir. Estão no território da empatia, um lugar complexo, oculto, misterioso."

A cultura como comunicação

Se tudo na vida pode ser decodificado como signo – o penteado, a maneira de andar e de sentar-se, o bairro em que se mora, a igreja que se frequenta –, então a própria cultura de uma sociedade pode ser considerada como um vasto sistema de códigos de comunicação.

Estes códigos indicam os papéis apropriados e oportunos, o que é tabu e o que é sagrado.

Exemplos de nossa cultura incluem os seguintes:

— Quando um homem e uma mulher se casam colocam anéis, se possível de ouro, em certos dedos da mão. O nome dos anéis é "aliança" pois eles comunicam aos demais que estas pessoas já não estão mais livres e sem compromisso.

— Na mesa onde a família faz suas refeições, o pai sempre ocupa a cabeceira. Seu lugar na mesa comunica sua posição de autoridade.

O que é comunicação 55

— Enquanto os empregados são obrigados a chegar a seus lugares de trabalho às 8 h em ponto, o chefe chega às 9 h ou 10 h da manhã. Isto indica a todos a diferença de hierarquia.

— No Natal, costuma-se dar presentes aos parentes e amigos. O valor do presente, em geral, comunica o grau de importância que o doador atribui ao presenteado.

— Até há pouco tempo, os parentes costumavam vestir-se de preto quando morria um membro da família, e a cultura estipulava um prazo para a viúva, os irmãos etc. manterem o luto.

— A maneira de manejar os talheres nas refeições não é assunto de escolha individual; ela comunica imediatamente a classe social a que pertence a pessoa.

— As empregadas domésticas são obrigadas a vestir uniformes para não serem confundidas com os membros da família.

— É considerado de mau gosto chegar pontualmente a uma recepção. Os convidados pontuais correm o risco de encontrar os anfitriões ainda no banheiro ou terminando de se vestir.

— Expressamos nossos sentimentos patrióticos por meio de símbolos que incluem a bandeira, o hino nacional, os vultos históricos, as efemérides ou datas significativas.

— As flores são a base para diversas mensagens codificadas: a rosa vermelha, o buquê de orquídeas, a coroa no funeral.

Esta lista, longa porém incompleta, demonstra que a cultura funciona pela comunicação. Seria impossível para uma pessoa viver no seio de uma cultura sem aprender a usar seus códigos de comunicação. E também seria impossível para ela não se comunicar.

A comunicação transcultural

O fato de que cada cultura tenha seus próprios códigos de comunicação torna bastante difícil a comunicação *entre* culturas diferentes. Na experiência de missionários, exploradores, diplomatas e técnicos de organismos internacionais, existem numerosos exemplos de confusões devidas a uma decodificação errada dos códigos locais. Alguns exemplos:

— Um missionário que ensinou a rezar o "Eu, pecador" a crianças africanas, estranhou-se das gargalhadas provocadas pelos golpes no peito que no Ocidente católico acompanham a parte que diz "minha culpa, minha grande culpa". Ocorre que em certas culturas africanas bater no peito significa "Eu estou zombando de você".

O que é comunicação 57

— Um técnico internacional chileno, visitando o Brasil pela primeira vez, procurou um copo no banheiro do hotel e não achou. Como em espanhol a palavra para copo é "vaso", ele telefonou para a portaria dizendo: "Em meu banheiro não há vaso." "Não é possível!", responderam na recepção. "Tem de haver um vaso em seu banheiro!! Será que está quebrado?" "Não – exclamou o chileno – aqui não há vaso e estou precisando escovar os dentes!"

— Arrotar ruidosamente após as refeições é considerado de péssima educação nas culturas ocidentais. Mas nas orientais o hóspede que não arrota está "significando" que não gostou das comidas que lhe foram servidas, ou que elas não foram suficientes para deixá-lo satisfeito.

— A distância física que se deve guardar entre as pessoas varia nas diferentes culturas. Algumas valorizam a proximidade, o contato físico, o abraço, o beijo. Outras preferem que seja mantida uma prudente distância entre as pessoas e decodificam a aproximação "excessiva" como mostra de vulgaridade e classe baixa.

— Querendo ser amável com estudantes africanos recém-chegados, o professor norte-americano falou para eles: "Apareçam alguma vez para jantar em minha casa." Na semana seguinte os africanos chegaram para jantar. Na sua cultura, um convite é sempre tomado a sério, quando, na norte-americana, deve ser codificado apenas como uma mostra de simpatia.

— Na China, a cor que expressa luto é a cor branca, e não a preta como na América Latina. O significado da morte varia também segundo as culturas. Na cultura ocidental a morte é o máximo inimigo que se deve evitar por todos os meios. No Japão, entre as pessoas religiosas, a morte pelo imperador ou pela Pátria era considerada a maior glória que um homem poderia desejar.

— Para indicar a altura de uma pessoa, de um animal ou de uma coisa, em Costa Rica e no México, usam-se gestos feitos com a mão, diferentes para cada caso. No Brasil, a altura de pessoas, animais e coisas sem distinção indica-se colocando a mão na posição horizontal, palmas para baixo. Usar para pessoas o gesto reservado para animais ou coisas é considerado ofensivo no México e na Costa Rica.

— Enquanto nos países católicos os homens devem tirar o chapéu para entrar numa igreja, em Israel e nos templos israelitas os homens devem cobrir a cabeça para serem admitidos.

As diferenças transculturais na decodificação dos signos ilustram muito claramente o caráter arbitrário dos signos criados pelo homem. Com efeito, cada cultura cria seus próprios signos e lhes atribui seus próprios significados. Para que os signos comuniquem, deve haver uma convenção ou acordo entre as partes. E isto é precisamente o papel da cultura ao estabelecer seus códigos.

A metacomunicação

Da mesma maneira que é impossível não comunicar – porque tudo na vida comunica –, a pessoa que comunica em geral necessita dar a seus interlocutores uma ideia sobre como ela deseja que sua mensagem seja decodificada e interpretada.

Isto se chama *metacomunicação*, isto é: comunicação sobre a comunicação.

A metacomunicação pode ser verbal ou não-verbal, isto é, feita quer com palavras, quer com gestos, olhares, tom de voz etc.

As nossas conversas estão compostas por uma parte que é o que queremos dizer e por outra parte que é uma indicação de como queremos ser entendidos. Exemplos:

— "Olhe. E difícil colocar isto em palavras, mas o que eu quero dizer é o seguinte..."

— "Escuta. Por favor não tome como uma ofensa, mas eu queria te dizer..."
— "Quero que você preste muita atenção porque o que eu vou falar é muito sério..."
— "Por favor, não me interprete mal. Não estou insinuando que todos vocês sejam..."
— "Esqueça o que falei, eu não estava falando sério..."
— "Veja bem, isto é apenas uma opinião muito pessoal, mas..."
— "O negócio é o seguinte..."

Usamos também outros truques para metacomunicar. A nossa maneira de olhar, ou deixar de olhar, a outra pessoa traduz sentimentos de sinceridade, superioridade, complexo de culpa, interesse em continuar a conversa, curiosidade, desejos de uma boa "fofoca", ou suprema indiferença. Metacomunica a nossa própria maneira de intervir no diálogo: se monopolizo a conversa estou comunicando que não concedo aos demais o direito de participar igualmente na conversa; se interrompo constantemente meu interlocutor, estou lhe indicando que ou estou por demais interessado no que ele fala ou não dou importância a seus argumentos.

A proximidade ou distância dos interlocutores influi sobre a interpretação que eles darão às mensagens. Quanto maior a proximidade, é mais provável que a interpretação tenha que ser menos objetiva e fria e mais subjetiva e pessoal. Outras vezes, porém, a aproximação excessiva revela uma ameaça, visto que a violação do espaço pessoal de um dos interlocutores pelo outro é claro indício de que pode ocorrer uma agressão física ou pelo menos psicológica.

QUE "SIGNIFICA" ISTO?

As pessoas perguntam-se com frequência: "Que significa isto?" Com menor frequência interrogam-se: "Que significa significar?"

A comunicação, entretanto, seria impossível sem a significação, isto é, a produção social de sentido.

Já sabemos que signo é todo objeto perceptível que de alguma maneira remete a outro objeto.

Há objetos que foram especificamente criados para fazer pensar em outros objetos. Entre eles os sinais de trânsito, as notas musicais e as palavras da língua portuguesa.

Outros objetos têm função de signo em virtude de seu uso na sociedade. O automóvel é um signo de velocidade, como o caminhão é de transporte; a máquina de costura é signo de costura e o giz é signo de aula.

O que é comunicação

Os símbolos.

Os chamados *símbolos* são um tipo especial de signos, embora, às vezes, símbolo seja empregado como sinônimo de signo. Os símbolos são – segundo a Enciclopédia Delta Larousse – "objetos físicos a que se dá significação moral fundada em relação natural". São símbolos a bandeira e o hino nacional; a cruz; a pomba com o ramo de oliveira; a mulher cega segurando uma balança; as alianças do casal.

Outro subgrupo dos signos são os *sinais*, "indícios que possibilitam conhecer, reconhecer, adivinhar ou prever alguma coisa". São sinais os diversos desenhos e letras utilizados para representar regras do trânsito. Existem os sinais ortográficos, os sinais de pontuação, os sinais de alarme; os barcos, aviões, caminhões, usam luzes de "sinalização" para evitar colisões e outros acidentes.

Mas o homem descobre também sinais naturais no mundo que o rodeia: uma pegada humana numa praia é sinal de que alguém passou por ali; a fuga de animais sinaliza a iminência de algum desastre; e para alguns a dor nos calos indica que vai chover.

Como um signo "significa"?

É possível que os primeiros signos criados pelo homem estivessem cada um associado a um determinado objeto. Talvez os sons "pedra" indicassem "esta pedra" e não todas as pedras em geral.

O que é comunicação

Mas é próprio da mente humana a capacidade de *abstração*, isto é, de identificar o que há de comum em muitos objetos semelhantes. Provavelmente o homem primitivo passou a chamar de "pe-dra" todos os objetos que tivessem as características de uma pedra. Nesse sentido, é possível que os bisontes e cervos desenhados na caverna de Altamira pelo homem paleolítico representassem não um determinado animal, mas os bisontes e cervos em geral.

Esta capacidade de abstração de qualidades comuns e de colocar um nome à qualidade geral deu origem ao *conceito*. O conceito viria então a ser a imagem formada na mente do homem após perceber muitas coisas semelhantes entre si. Daí em diante, o assunto se simplificou para o homem porque, em lugar de ter que guardar em sua memória mil palavras para mil pedras diferentes, agora tinha de lembrar apenas o conceito de pedra e seu signo correspondente: a palavra "pedra".

A palavra veio a representar conceitos, não apenas objetos. Veja-se o seguinte esquema:

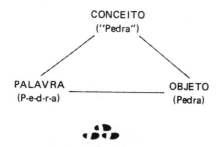

O mesmo esquema seria válido para signos diferentes das palavras, como desenhos, figuras, gestos etc.

Estes são precisamente os elementos do signo, aqueles cujas relações lhe permitem "significar", isto é, representar ideias. Em primeiro lugar, temos o objeto representado, chamado *objeto referente* ou simplesmente o *referente*, visto que o signo " faz referência" a ele.

Em segundo lugar temos o *significado* do signo, que viria a ser o conceito ou a imagem formada na mente acerca do referente.

Em terceiro lugar temos o *significante*, que viria a ser a apresentação física do signo: os sons "pe-dra", a palavra escrita "p-e-d-r-a", o desenho de uma pedra ou sua fotografia, estes são diferentes significantes que o signo pode adotar.

Objeto referente, significado e significante são então os elementos componentes do signo, os que lhe dão capacidade de intervir no processo da comunicação.

Aqui vemos que o conceito de signo não é tão simples, e envolve não só coisas visíveis ou tangíveis mas também relações abstratas.

Isto é contrário ao conceito comum de signo. É frequente pensar que o significado de uma palavra (ou gesto, ou figura) é uma espécie de atributo ou propriedade da palavra. Fala-se, neste sentido, "esta palavra significa... ", ou "O significado desta palavra é...".

Todavia, o significado não é uma propriedade do signo, mas um conjunto de relações das quais o signo é a tradução externa.

O significado também não é a relação direta do signo com algum objeto no mundo físico. O significado da palavra "pedra" não é *uma* pedra particular, mas é a relação do signo com o conceito ou conjunto de conceitos que as pessoas têm sobre as pedras.

Se se tivesse como significado apenas a relação entre o signo e um objeto real, não poderíamos ter significado para coisas que nunca existiram senão em nossas mentes, tais como as sereias, os unicórnios e os deuses do Olimpo. Aliás, não teríamos um significado para Deus.

Do modo que o significado dos signos não está nos próprios signos, nem nos objetos, mas nos conceitos ou imagens formados na mente das pessoas.

Códigos analógicos
e códigos digitais

Na sua evolução, a humanidade foi passando do uso de signos parecidos com seus objetos referentes – tais como os desenhos de animais, as palavras imitativas dos sons da natureza, os gestos reprodutores de ações naturais – ao emprego de signos cada vez mais arbitrários, sem qualquer semelhança com os objetos representados, e que, por conseguinte, somente funcionavam quando existia uma espécie qualquer de convenção ou acordo entre os interlocutores.

Aqueles signos cujos significantes se parecem com os objetos referentes receberam o nome de signos *analógicos*. Entre eles, os signos *icônicos* (de "ikone" = imagem, em grego) reproduzem mais fielmente as características do objeto referente. Signos icônicos são as fotografias, os desenhos, as esculturas, as pinturas realistas. Mas, por extensão, também são signos icônicos as palavras *onomatopeicas*, isto é, as que imitam os sons naturais.

No outro extremo, isto é, entre os signos que não guardam semelhança alguma com seus referentes, estão os signos chamados *digitais*.

A palavra digital vem de *digito*, que são os números de O a 9. Os códigos digitais, entretanto, não empregam somente números ou dígitos mas também letras.

O que é comunicação 69

Entre os códigos digitais, os mais utilizados são os *códigos binários*, aqueles que transmitem informação pela alternância de apenas dois estados.

Exemplos: o tambor falante de algumas tribos do Congo emite dois tons, um por eles chamado de *tom masculino* e outro, de *tom feminino*. O código Morse combina de várias maneiras apenas dois signos: o ponto e o traço. Os semáforos ou sinais luminosos do trânsito operam sobre a base de que certas luzes convencionais estão "ligadas" ou "desligadas"; quer dizer, adotam dois estados possíveis. As máquinas calculadoras e os computadores funcionam por meio de impulsos elétricos que "passam" ou "não passam", código binário que pode ser utilizado para transmitir fantásticas quantidades de informação a velocidades elevadíssimas.

Na comunicação humana, empregam-se ambos os tipos de códigos – analógicos e digitais – de maneira complementar: enquanto os signos analógicos comunicam de maneira vívida e natural as emoções (gestos, silêncios, movimentos do corpo, exclamações etc.), os códigos digitais (linguagem oral e escrita) fornecem informações precisas e detalhadas.

Os tipos de significado

Os signos são como as pessoas, têm significados diferentes segundo o contexto em que se encontram.

Um homem é pai em sua casa, chefe no escritório e goleiro no time de futebol do bairro.

Uma mesma palavra, por exemplo, varia seu significado segundo sua posição na frase:

"João é professor de educação."

"A educação do professor é importante."

A palavra *educação* evidentemente não possui o mesmo significado em ambas as sentenças.

Este é o chamado "significado gramatical", pois depende da relação do signo com outros signos ou elementos do discurso.

Da mesma maneira, o significado de uma parte de uma figura ou fotografia não é independente do contexto que a rodeia. Este seria o "significado contextual".

Quando o significado depende somente da relação entre o signo e seu conceito referente, temos o "significado referencial". Estes significados são os que aparecem nos dicionários.

Para complicar um pouco, vamos considerar uma outra dimensão dos significados, a dimensão racional--emocional.

Tanto o significado referencial como o gramatical são de tipo *cognitivo*, já que se referem somente aos aspectos intelectuais da razão humana. Mas os signos têm também uma dimensão não-racional, visto que seu impacto na pessoa abrange também os sentimentos. O significado *emotivo* refere-se aos tipos e

O que é comunicação 71

graus de reação emocional às expressões da linguagem ou outros códigos.

Esta diferença do cognitivo e do emotivo é importante porque muitas vezes as pessoas reagem emocionalmente não à palavra em si ou a sua adequação gramatical, mas à maneira de usar a linguagem ou às circunstâncias em que ela é usada.

Os chamados *palavrões*, para citar um caso, não produzem indignação por si mesmos, mas pelo lugar e pela ocasião, ou pelo tom de voz, em que são pronunciados. A expressão "filho da mãe" nem sempre é insultante. A palavra "fogo" pode ter um significado cognitivo num discurso normal, mas adquire significado emotivo quando é gritada num teatro lotado.

Os papéis sociais dos interlocutores influenciam também o significado emotivo. De um sacerdote, um professor, um juiz de direito, espera-se um determinado comportamento linguístico considerado apropriado à sua posição. Quando ocorre um marcado desvio deste papel esperado no uso do vocabulário, é provável que resulte uma reação emotiva, tal como surpresa, assombro ou rejeição.

Todos estes exemplos confirmam o fato de que os signos não são produto de relações rígidas e estáticas; eles são tão dinâmicos como a própria sociedade.

Aliás, a flexibilidade dos signos nota-se de maneira ainda mais interessante na diferença entre dois tipos de significados: o significado denotativo e o conotativo.

- O significado *denotativo* aparece quando um signo indica diretamente um objeto referente ou suas qualidades.

"Esse aí é meu livro de Matemática."

Aqui, a palavra "livro" indica um livro concreto, aquele que é meu, que está sobre a mesa.

Ao significado denotativo de "livro" estão associadas percepções de propriedades observáveis e objetivas, como o formato, o tamanho, a tipografia, as ilustrações etc.

- O significado *conotativo* inclui as interpretações subjetivas ou pessoais que podem derivar-se do signo.

"Esse aí é meu livro de Matemática."

Conotativamente falando, a palavra "livro" pode evocar uma série de significados – tanto cognitivos como emotivos –, tais como "estudo", "prova", "ansiedade", "notas", "cola", "tédio", "sono".

Vê-se no exemplo que um mesmo signo pode ter ao mesmo tempo significados denotativos e conotativos. É evidente que os significados *conotativos* serão bastante diferentes para cada pessoa.

O poder da conotação

É possível que a grande diferença entre a comunicação humana e a animal consista em que os signos animais são todos denotativos; o que poderia haver de conotativo neles seria apenas a lembrança das experiências associadas aos signos. Se um signo esteve associado com dor ou castigo no passado, é natural que provoque no animal reações de alarme, fuga ou agressão. No animal, a conotação consistiria num caso de condicionamento.

No ser humano a conotação é algo muito diferente. A capacidade de *imaginação* dá para a conotação uma liberdade quase total. Partindo de denotações bastante objetivas e concretas, a imaginação constrói novas realidades. Uma gota de orvalho se converte em lágrimas, em pureza ou em melancolia. Um pôr do sol conota a serenidade, a saudade, a solidão. Veja-se no famoso *Poema 20*, de Pablo Neruda, como o poeta consegue conotar melancolia e saudades com expressões aparentemente denotativas e simples:

20

Posso escrever os versos mais tristes esta noite.

Escrever, por exemplo : "A noite está estrelada
e tiritam, azuis, os astros, ao longe."

O vento da noite gira no céu e canta.

Posso escrever os versos mais tristes esta noite.
Eu a amei, e às vezes ela também me amou.

Em noites como esta eu a tive entre os meus braços.
Beijei-a tantas vezes sob o céu infinito.

Ela me amou, às vezes eu também a amava.
Como não ter amado os seus grandes olhos fixos.

Posso escrever os versos mais tristes esta noite.
Pensar que não a tenho. Sentir que a perdi.

Ouvir a noite imensa, mais imensa sem ela.
E o verso cai na alma como no pasto o orvalho.

(Neruda), *Antologia Poética* — Tradução de Eliane Zagury. Rio de Janeiro, Livraria José Olympio Editora, 1974)

Nesta capacidade dos signos humanos de conotar, isto é, de ampliar e enriquecer o significado "referencial" dos signos, originam-se as criações mais importantes da cultura, da filosofia e da religião.

O significado conotativo introduz a liberdade na comunicação humana. Enquanto o significado denotativo orienta o homem na realidade, o conotativo

Denotação.

o faz transcender a realidade presente e construir uma nova. Os signos denotativos são indispensáveis para a sobrevivência no mundo concreto, mas sem os conotativos o homem ficaria preso aos determinismos do real.

No extremo oposto, o significado conotativo permite tomar dados concretos da realidade atual ou histórica e extrapolá-los de tal maneira que toda uma nova realidade de significados é construída.

Conotação.

OS DOIS GUMES DA LINGUAGEM

Embora não haja limites para os signos que o homem pode utilizar para se comunicar, a maior parte da comunicação se realiza por meio da linguagem, falada ou escrita.

Ao mesmo tempo, a maior parte das confusões e incomunicações que ocorrem entre as pessoas, entre os grupos e entre as nações têm como origem a linguagem.

A linguagem é uma faca de dois gumes. A mais humana das características, exprimindo a superioridade funcional do cérebro do homem sobre o dos animais, capaz de expressar seus sentimentos mais profundos e seus pensamentos mais complexos, a linguagem pode levar os homens à comunhão no amor e na amizade, mas também pode ser utilizada para ocultar, enganar, separar, dominar e destruir.

O que é comunicação

Não é sem motivo que, na Bíblia, a linguagem aparece elevada a um nível quase sagrado, quando se chama o Filho de Deus de Verbo ou Palavra Encarnada, como também se apresenta como causa de confusão e divisão no episódio da Torre de Babel.

Qual é, então, a natureza da linguagem como meio de comunicação? Qual é seu papel na sociedade?

A natureza da linguagem

Em linguística, a ciência que estuda a linguagem, é tradicional defini-la como um sistema de signos vocais arbitrários usados para a comunicação humana.

Em qualquer língua humana, um certo número de sons, chamados *sílabas,* pode ser combinado dentro de um conjunto de regras, gerando unidades significativas denominadas *palavras.* Outro conjunto de regras – a *gramática* ou *sintática* – estabelece as maneiras pelas quais as palavras podem ser combinadas para formar unidades significativas maiores, as *frases* ou *sentenças.*

A título ilustrativo, as sílabas *ti, ca, lo, sa, jo, o, de, a, fei, ta* podem ser combinadas formando as *palavras: tijolo, casa, feita* e outras, e estas palavras podem ser organizadas na frase:

"A CASA É FEITA DE TIJOLOS."

A definição de linguagem diz que ela está formada por "signos vocais arbitrários", e no exemplo anterior pode-se notar que, de fato, nada obriga uma sociedade qualquer a escolher os sons *ti*, *ca*, *los*, *as*, e outros, dentre os infinitos sons possíveis para o aparelho fonador do homem. Também nada obriga a combinar estes sons formando as palavras *casa*, *tijolos* e outras. E, finalmente, nada obriga a organizar estas palavras em determinada sequência: *"A casa é feita de tijolos"*, podendo combiná-las de qualquer outra forma, tal como: *"Feita a tijolos de casa é."*

A total liberdade dos homens para escolher os signos e a gramática de suas línguas teve como natural consequência a existência de milhares de idiomas e dialetos ao longo da história. Curiosamente, não é muito ampla a variedade de formas utilizadas pelas línguas para a organização das palavras no discurso. Geralmente se reconhece a existência de três tipos de formação das palavras: o tipo *isolante*, exemplificado pelo chinês; o tipo *aglutinante*, ilustrado pelo turco e o tupi-guarani; e o tipo *inflexionante*, do qual o latim e o alemão são representantes.

Muitas das línguas conhecidas, por outro lado, derivam de uma mesma língua anterior, isto é, de um mesmo "tronco linguístico". As línguas europeias provêm de três grandes troncos: o *indo-germânico* ou aria-

O que é comunicação 79

no (alemão, inglês, francês, italiano etc.); o *uralo-altaico* (finlandês, húngaro, turco etc.); e o *basco*, este último compreende só uma língua, a basca.

As línguas não são estáticas e se modificam com o tempo, diferenciando-se em tal grau nas diversas regiões de um mesmo país que os "dialetos" produzidos chegam a não ser entendidos por pessoas que falam outros dialetos "irmãos".

Tanto a sobrevivência de uma língua como suas modificações dependem de variados fatores históricos, geográficos, culturais, tais como os regionalismos; o isolamento de grupos humanos em lugares montanhosos, ilhas e florestas; os contatos com outras línguas e culturas; as descobertas técnico-científicas que exigem novos nomes para novos objetos e processos; a criatividade da juventude ("gírias") etc. Com bastante frequência, a lei do menor esforço tende a suprimir sons desnecessários e facilitar sons de difícil pronúncia.

No caso do idioma guarani, o casamento poligâmico dos conquistadores espanhóis – que eram poucos – com as filhas dos caciques, somado ao isolamento do Paraguai como país mediterrâneo, fez com que, até hoje, 80% da população fale o idioma nativo, embora cada dia misturando-o mais com o espanhol, que é a língua "culta".

Em contraste, outras línguas latino-americanas estão em franco processo de extinção, como a língua

Linguagem e classe social

Embora não tenha sido ainda bem estudada a barreira que a linguagem representa para a mobilidade social numa estrutura de marcada estratificação de classes, diversos estudos têm mostrado que existem diferenças importantes entre a linguagem empregada pelas classes sociais mais elevadas e a utilizada pelas classes subalternas.

Certos linguistas denominam "códigos elaborados" os vocabulários e hábitos gramaticais utilizados pelas classes altas, e "códigos restritos" os empregados pelas classes populares.

Algumas das diferenças entre ambos os tipos de códigos podem ser analisadas sob diversos pontos de vista, tais como:

Perspectiva: Enquanto as classes populares têm um modo de comunicar baseado numa única perspectiva ou ponto de vista, mais descritivo que interpretativo, a classe média e alta olham coisas sob vários pontos de vista e comparam diversas interpretações alternativas.

Organização do discurso: A mensagem é composta de segmentos sem muita conexão entre si no discur-

O que é comunicação 81

so das classes subalternas, enquanto as classes mais elevadas entregam uma narração unitária, mesmo que complexa.

Classificação e relação: A pessoas de nível social baixo custa se referir a categorias gerais de pessoas e atos, pois elas não costumam falar em termos de "classes" ou "categorias", mas de "indivíduos". Pessoas de classes mais altas possuem uma terminologia rica em conceitos, usam frequentemente classificações e tipologias, bem como as conexões entre elas são aparentemente lógicas.

Abstrações: As classes populares são menos sensíveis à informação abstrata e às questões ou assuntos pouco concretos, enquanto as classes mais altas compreendem e usam generalizações e padrões abstratos. A linguagem do operário ou camponês é concreta e literal (denotativa); sua linguagem figurativa (metáforas, alegorias etc.) inclui em geral animais e coisas; tende a personificar assuntos impessoais.

Uso do tempo: Na classe baixa é descontínuo, dando-se ênfase ao particular e efêmero, enquanto na classe alta o tempo é contínuo e se dá ênfase ao processo e ao desenvolvimento.

É evidente que estas comparações são muito relativas e que existem indivíduos nas classes populares capazes de maior abstração, complexidade e precisão no uso da linguagem que alguns membros das classes altas. Porém, o universo cultural mais restrito das classes subalternas limita a sua capacidade de expressar noções analíticas e abstrações que transcendam o particular e o específico.

Ora, como a sociedade atual é basicamente competitiva e a habilidade de comunicação é um recurso valorizado, é natural que pessoas que não conseguem manejar proposições complexas e noções abrangentes, que não articulam suas intenções claramente, fundamentando-as com argumentos bem formulados e estruturados, se encontrem em completa desvantagem ante pessoas com amplo vocabulário, perspectiva flexível e domínio seguro do pensamento abstrato.

A posse, então, de um código elaborado ou de um código restrito tem influência na mobilidade social ou na permanência do indivíduo em sua classe original. Tomemos, como exemplo, crianças das classes pobres que fracassam na escola. A ideologia dominante explica este fenômeno atribuindo a culpa às próprias crianças ou a seus pais, jamais à estrutura social injusta que coloca limitações sobre o domínio da linguagem.

Ora, a própria pobreza linguística dificulta a compreensão de sua desvantagem por parte das classes subalternas. Se um estudante pobre tivesse em seu repertório conceitual-vocabular termos tais, como "classe social", "discriminação", "códigos linguísticos elaborados ou restritos" e outros, poderia compreender melhor o que acontece com ele e seus companheiros. Mas como seu vocabulário é limitado, ele atribui seu fracasso a razões pessoais e familiares, e isto contribui para que desenvolva uma imagem negativa de si mesmo e de seu ambiente. A pobreza de seu código, neste sentido, não o prepara para entender o código político da sociedade global e, por conseguinte, não o motiva para a superação dos obstáculos que a estrutura social coloca em seu caminho.

A manipulação da linguagem

Na seção anterior vimos que a linguagem, que serve como instrumento integrador dentro de um mesmo grupo social, pode servir também como diferenciador entre grupos que falam diferentes línguas ou a mesma língua de uma maneira elaborada ou restrita.

Ao servir como auxiliar do pensamento e da consciência, a linguagem pode ser ainda instrumento da manipulação das pessoas.

A linguagem tem, por conseguinte, uma clara *função política*.

Historicamente, a manipulação da linguagem tem sido realizada de muitas maneiras:

1. A imposição de uma nova linguagem em uma cultura que possui sua própria linguagem tem

sido característica na conquista e colonização de África, América e Ásia por países europeus.

A Rússia Soviética obriga todas as repúblicas que compõem a URSS a ensinar russo nas escolas, mesmo permitindo a manutenção de suas línguas nativas.

2. A censura, quer oficial e explícita, quer espontânea ou implícita, aquela que os cidadãos mesmo se aplicam a si próprios por medo, é frequente nos regimes ditatoriais, como meio de cooptação linguística. Quando o autor deste livro foi convidado a fazer uma conferência num país de governo autoritário, indicou como tema de sua palestra: "O papel dos meios de comunicação na construção de uma sociedade democrática". Quando a instituição patrocinadora publicou o anúncio do evento, o título da palestra era o seguinte: "O papel dos meios da comunicação na sociedade moderna".

3. A imposição de novos significados para as palavras é um recurso utilizado nos regimes totalitários. Durante a vigência do Terceiro Reich na Alemanha nacional-socialista, os dicionários e enciclopédias eram revisados para eliminar certos termos, agregar outros e modificar o sentido de ainda outros. Vejam-se alguns exemplos da redefinição de palavras pela comparação de seu significado antes e durante o Terceiro Reich:

O que é comunicação 85

Palavra	Antes	Durante
Abstammungsnachweis	Relacionado com a criação de gado	Certificado genalógico de origem Ariana
Blutschande	Incesto	Relação íntima com um "não-Ariano"
Blutvergiftung	Toxemia; envenenamento do sangue	Aparência de decadência em povos e raças
Fanatisch	Fanático (adjetivo com conotações negativas)	Fanático (adjetivo com conotações positivas)
Intellect	Capacidade criativa	Diferente do instinto; palavra que denota uma qualidade crítica, subversiva e destrutiva.

Essas regulações da linguagem eram acompanhadas de instruções precisas para o uso das palavras pelos meios de comunicação social.

A Agência de Imprensa, por exemplo, circulou as seguintes diretrizes nas datas correspondentes:

Setembro 1, 1939 – A palavra "guerra" deve ser evitada em todas as notícias e editoriais. A Alemanha está resistindo a um ataque da Polônia.

Novembro 16, 1939 – A palavra " paz " deve ser eliminada da imprensa alemã.

Outubro 16,1941 – Não deve haver mais referências aos sovietes ou aos soldados soviéticos. Quanto mais, eles devem ser chamados de "Sovietarmisten" – membros do exército soviético – ou apenas de bolcheviques, bestas e animais.

Março 16, 1944 – O termo "catástrofe" fica eliminado completamente da língua germânica. Deverá ser substituído pela expressão "grande emergência", e "socorro de catástrofe" deverá ser substituído por "socorro de bombardeio aéreo".

4. A publicidade comercial tem explorado engenhosamente a capacidade de as palavras conotarem significados gratificantes, na manipulação de mensagens persuasivas. Algumas técnicas empregadas pela publicidade:

— *Generalidades brilhantes:* uso de expressões ambíguas e vagas, que insinuam efeitos inverificáveis mas atraentes, bem como de substantivos e adjetivos insinuando qualidades desejáveis quer do produto quer da pessoa que o usa. Exemplos: "delicadamente feminina", "momentos inesquecíveis", "raro prazer", "dá mais vida", "elite", "status", "triunfador", "sabe o que quer", "elegância", "distinção".

— *Todos estão conosco:* expressões gregárias indicando que o produto ou a causa reúne os ganhadores, os que "tiram vantagem" das coisas. Exemplos: "De cada 10 estrelas de cinema, 9

usam...", "Ganharemos de maneira fragorosa!",
"*MM*, o cigarro que mais se vende no mundo",
"Todos usam X", "Não fique sozinho...".

— *Testemunho ou transferência de prestígio:* O produto ou a causa é associado a figuras de prestígio e/ou estas dão um testemunho de que favorecem ou usam o produto. Exemplos: "Eu tomo * * *, tome também você", "O Partido de Abraham Lincoln", "Faça como X... use N".

— *Mostrar só o melhor:* Destacar as qualidades e silenciar os defeitos e limitações próprios, fazendo o oposto com o adversário.

— *Esforço-recompensa:* Condicionar uma gratificação à aquisição e uso do produto divulgado. Exemplos: "Se você quer progredir, o caminho é... ", "Se você é inteligente, então... ", "Caminho para o sucesso é...".

— *Palavras de países avançados:* No tempo em que a França exercia grande influência na América Latina, muitas palavras francesas foram adotadas porque davam *status*. Hoje, com a dominação dos Estados Unidos, são palavras inglesas as que "vendem". Marcas de cigarros, nomes de conjuntos musicais, nomes de locais comerciais, a maioria são palavras inglesas: "Charm",

"Hollywood", "Beverly Hills", "The Fevers", "shopping center", "minimum price system" etc.

— *Rótulos ou etiquetas:* Com a finalidade de desacreditar pessoas ou grupos, colocou-se neles rótulos ou etiquetas verbais, tais como "fascista", "comunista", "subversivo", "agitador" etc. Isso é feito na propaganda política. Na publicidade o procedimento é inverso: colocam-se rótulos ou etiquetas positivos que individualizam o produto. Exemplos: "Líder", "campeão", "A melhor" etc.

5. Uma técnica de manipulação da linguagem amplamente utilizada por governos e instituições é o emprego de *eufemismos,* isto é, expressões que, sem alterar o significado, dissimulam melhor realidades desagradáveis ou desfavoráveis, que poderiam ser conotadas. No Vietnã, o genocídio em massa causado por um exército foi diluído em expressões tais como "programa de pacificação", "Zona de fogo livre", "taxa de mortes" etc. Referindo-se aos países ocidentais, a imprensa dos países capitalistas fala "mundo livre", enquanto os países socialistas do Leste estão "atrás da Cortina de Ferro". A exploração dos países pelas empresas multinacionais é sujeita a eufemismos tais como "cooperação internacional", "transferência de tecnologia", "interdependência", "liberdade de comércio" etc.

6. A lavagem cerebral viria a ser a maneira mais extremada de manipulação da linguagem. Através de um complexo processo de ameaças e oferecimentos de recompensas e redução de castigos, como também de privações, acompanhadas de doutrinações repetidas intensamente, os significados que a vítima atribui normalmente às palavras são substituídos por novos significados. Como a estabilidade emocional da pessoa está destroçada pela tortura psicológica, a aceitação até subconsciente dos novos significados vem a constituir um alívio. Numa situação assim, a pessoa chega a acreditar como verdadeiras as frases que foi obrigada a decorar e a expressar publicamente.

A reconstrução da realidade

As diversas formas de manipulação da linguagem parecem indicar que existem duas realidades bastante diferentes: a realidade objetiva e a realidade reconstruída pelo discurso da comunicação.

A comunicação supostamente mais objetiva, como a notícia jornalística, não é mais que a "reconstrução" da realidade pelo repórter. Os eventos, com efeito, são percebidos pelo repórter que, além de selecionar apenas os aspectos que lhe parecem relevantes, deixando de fora outros, ainda projeta seus próprios significados conotativos sobre o evento. Ao escrever, a estrutura do discurso – isto é, a sequência dos fatos reportados – introduz sua própria paralinguagem. E a posição da matéria no jornal – primeira página, última página, ângulo superior direito, ângulo inferior esquerdo etc. – agrega seu quinhão de valorização do evento. O resultado é um produto parcialmente denotativo e parcialmente conotativo, mas reconstruído.

Na informação sobre o ataque da Inglaterra aos argentinos que defendiam as ilhas Geórgia do Sul, a versão inglesa era que os argentinos "se renderam", enquanto a versão argentina dizia que se "haviam retirado taticamente" para continuar a resistência.

Os meios que manejam signos visuais e auditivos, tais como o cinema e a televisão, possuem ainda maior margem de reconstrução da realidade do que os meios escritos. Eles podem chegar a criar uma "atmosfera" (romântica, de terror, de comicidade) que predispõe o público a perceber a realidade da maneira desejada pelo diretor.

A leitura crítica

A possibilidade de manipulação de todos os tipos de linguagem tem provocado a intensificação de um

O que é comunicação 91

movimento orientado para a capacitação do público em geral na "leitura crítica" das mensagens. Esta habilidade consiste em identificar o grau de denotação-conotação nas mensagens, unida ao desenvolvimento de uma atitude de desconfiança sobre as intenções e os conteúdos ideológicos inseridos nos textos.

O PODER DA COMUNICAÇÃO E A COMUNICAÇÃO DO PODER

É próprio da comunicação contribuir para a modificação dos significados que as pessoas atribuem às coisas. E, através da modificação de significados, a comunicação colabora na transformação das crenças, dos valores e dos comportamentos.

Daí o imenso poder da comunicação. Daí o uso que o poder faz da comunicação.

O poder da comunicação

No primeiro sentido, as pessoas em geral não desenvolvem todo seu potencial de comunicação, embora, certamente, poderiam elas, com um pouco de orientação e treinamento, aproveitar construtivamente suas capacidades de expressão, relacionamento e participação.

O que é comunicação 93

Se a comunicação pode definir-se como "a interação social através de mensagens", por que não aprender a formular e trocar mensagens que elevem a qualidade da interação social?

Se os meios de comunicação são verdadeiras "extensões do homem", por que não aprender a usá-los desde a infância em um sentido construtivo de auto-expressão e de construção de uma nova sociedade mais justa e solidária? Por que não promover o acesso de toda a população ao usufruto dos meios de comunicação "para que possam dizer sua palavra e pronunciar o mundo"?

Ora, o aproveitamento ótimo do poder da comunicação para a expressão, o relacionamento e a participação, dentro de um projeto geral de transformação social, implica a tomada de uma série de medidas pela sociedade, começando pela procura de novas formas de apropriação e administração dos meios, até melhores formas de capacitação das pessoas no uso da comunicação.

No caso da educação, novos modos de preparação para a comunicação devem ser desenvolvidos a vários níveis, a saber:

- Desde o pré-escolar até o ensino médio, a matéria comunicação e expressão deveria receber a maior ênfase. Ela poderia até ser o eixo central de todo o currículo, sobretudo nas primeiras séries. Usar-se-ia uma abordagem a partir de problemas reais. Através de "estudo situacional" inicial, podem ser escolhidos "núcleos geradores" que levem a uma melhor compreensão da realidade graças a diversas "leituras" dessa realidade: leitura denotativa, leitura conotativa e leitura estrutural. Nestas leituras entrariam, como auxiliares do conhecimento, todas as demais disciplinas: biologia, botânica, história, matemática etc. Na etapa final, o método ofereceria aos aprendizes a oportunidade de comunicarem criativamente suas propostas para o melhoramento da realidade, observada e analisada dentro dos núcleos geradores.

Tanto na investigação da realidade como na apresentação dos projetos e propostas, os aprendizes utilizariam todos os meios de comunicação convenientes, tais como:

Conferências	Poesia
Mesa-redonda	Estudo de casos
Entrevista	Sociodrama
Painel de	Oratória
"conhecedores"	Dinâmica de grupos
Simpósio	Projeções (filmes,
Comissão	diapositivos,
informativa	diaposonoras etc.)
Reportagem	Contos

O que é comunicação 95

Slogans	Jornal mural
Desenhos	Estórias em
Cartazes	quadrinhos
Fotografias	Fotomontagem
Fotos de seriados	Fotonovela
Colagens	Teatro vivo
Artigos de	Teatro de fantoches
Revista	Retroprojetor

- Na educação formal e não-formal de adultos, o potencial de comunicação deve também ser desenvolvido. Na educação formal dando mais importância à capacidade de comunicar do que de absorver conhecimentos, isto é, de socializar o aprendido em benefício da aplicação social da profissão ou ocupação. Na educação não-formal, tornando-a mais um processo de resolução de problemas que de adoção de práticas recomendadas. Com efeito, a educação não-formal de adultos tem se caracterizado até agora pela diretividade e pelo utilitarismo: assim, os extensionistas rurais só procuram transmitir tecnologia agropecuária; os educadores sanitários só procuram transmitir práticas de saúde; os assistentes sociais só tentam transmitir procedimentos jurídicos e trabalhistas. Só recentemente alguns agentes de mudança se deram conta de que muito mais importante do que adotar conhecimentos e práticas específicas é desenvolver a capacidade de identificar problemas da realidade através da interação com os demais e com o meio, para depois articular estes problemas e buscar-lhes solução ou, caso os recursos próprios do grupo sejam insuficientes, levá-los ao conhecimento dos poderes públicos pertinentes.

Ora, tudo isso exige o desenvolvimento da capacidade de comunicar. A aquisição do poder de reivindicação implica a coesão grupal, a autoconfiança e a posse de habilidades de exposição, argumentação e persuasão da opinião pública, todas estas capacidades baseadas na comunicação.

- Paradoxalmente, um terceiro nível onde o poder da comunicação pode ser desenvolvido pela educação são as faculdades e escolas de comunicação. Com efeito, a formação atual dos comunicadores sociais dá ênfase aos aspectos técnicos e administrativos do manejo dos meios, mas pouca atenção às estratégias de utilização da comunicação num sentido educativo e dinamizador das transformações sociais. Os comunicadores saem da faculdade moldados para o trabalho em meios do tipo comercial-empresarial e, orgulhosos de seu profissionalismo, caem na tentação de esquecer que a capacidade de comunicar deve ser estendida a toda a população, desmistificando os meios, se se quer conseguir a construção de uma sociedade participativa.

Resumindo, o extraordinário poder da comunicação para o desenvolvimento da criatividade na auto-expressão, da fraternidade na convivência e da força política na luta pela transformação das estruturas sociais está ainda esperando ou uma teoria social que a valorize ou um método que a concretize.

A comunicação do poder

O inesperado desenvolvimento e difusão da consciência associativa e a multiplicação consequente de grupos ecológicos, associações de classe, associações de bairro e de vizinhança, comunidades eclesiais de base etc., mostram que foi quebrado – oxalá definitivamente – o antigo conformismo e passividade da sociedade civil.

Ante ela, ergue-se formidável, toda uma tradição de monopólio e de manejo da comunicação pelas classes dominantes, dispostas a perpetuar os padrões de elitismo, privilégio, coerção e exploração que caracterizaram nossa história. O uso da comunicação, evidentemente, foi apenas um dos meios empregados, junto a sanções econômicas, discriminação educacional, nepotismo e, ainda, exílio, tortura e outros de triste memória.

Na manipulação da comunicação, as classes dominantes mobilizaram tantos tipos de medidas que sua enumeração seria impossível. Entretanto, uma tentativa de classificação destas medidas distingue entre:

Comunicação dirigida: consistindo na manipulação da linguagem, obrigatoriedade de certos significados, imposição de certos conteúdos, proibição de outros (censura), utilização de adjetivos laudatórios para as autoridades do momento.

Comunicação limitada: envolve qualquer medida para a manutenção das massas na ignorância; a educação sendo orientada para forçar as classes baixas a manterem seus códigos restritos, que não lhes permitem articular seus interesses e participar do jogo político.

Comunicação constrangida: os esforços realizados por grupos privados e governamentais para estruturar e limitar a comunicação pública com a finalidade de conseguir que prevaleçam seus interesses: a obrigação imposta pelo proprietário de um jornal no sentido de que todos os jornalistas obedeçam à linha editorial mesmo contra os ditames de sua consciência; o controle da opinião dos jornais através do monopólio estatal de distribuição do papel; a manutenção de jornalistas e radialistas nas folhas de pagamento oficiais para que veiculem matérias favoráveis ao governo; a influência das firmas anunciadoras na política editorial dos meios comerciais etc.

Há ainda as táticas diversionistas do governo quando, para apartar a atenção do povo dos problemas de base, fomenta filmes, programas de rádio e de TV isentos de qualquer valor educativo ou conscientizador, como os programas de calouros, os jogos competitivos, os concursos com prêmios, as pornochanchadas, assim como também os horóscopos, colunas sociais de mexericos, suplementos dominicais de orientação frívola e consumista etc.

Nos programas de TV do tipo "pão e circo", aplicam-se métodos de repetição rítmica e ritual que condicionam as pessoas, embotando seu sentido crítico e estético e evitando o desenvolvimento de sua consciência crítica. As crianças participantes destes programas recebem forte dose de doutrinação consumista e mercantilista, ficando condicionadas a uma crescente dependência dos reforços e gratificações oferecidos pela indústria cultural.

A comunicação de resistência

Havendo a sociedade civil constatado que o vasto poder da comunicação não está sendo utilizado para promover o crescimento integral das pessoas de todas as classes sociais, sendo antes empregada como um narcótico que oferece ao povo "pão e circo" em troca de sua desistência da luta pela transformação da sociedade, a resistência contra este tipo de comunicação já começou.

A luta tem adotado a forma de movimentos em favor de tipos de comunicação chamados:

- comunicação alternativa
- comunicação participatória
- comunicação militante
- comunicação popular
- comunicação de resistência
- comunicação folclórica ou tradicional

Embora cada denominação expresse algumas diferenças de significado, a ideia comum permeando os diversos movimentos é a de que o homem social, até agora reduzido à qualidade de um parâmetro numa equação econômica e submetido a um planejamento hierarquizado que não o consulta seriamente, hoje luta por uma sociedade participativa, igualitária e antielitista. A transformação de uma sociedade liberal representativa numa sociedade participativa passa forçosamente pela participação pessoal, e esta passa forçosamente pela comunicação.

O que é comunicação 101

Deseja-se colocar o poder da comunicação a serviço da construção de uma sociedade onde a participação e o diálogo transformantes sejam possíveis.

*Os meios de comunicação:
verdadeiras extensões do homem.*

INDICAÇÕES PARA LEITURA

A escolha de leituras adicionais dependerá das perguntas que o leitor sinta levantar-se em sua mente:

Como evoluiu a comunicação e quais são suas perspectivas?

O FUTURO DA COMUNICAÇÃO, Da galáxia de Gutenberg à aldeia global de McLuhan, de R. A. Amaral Vieira, publicado por Achiamé, 2ª edição, 1981, é a resposta.

MUTAÇÕES EM EDUCAÇÃO SEGUNDO MCLUHAN, de Laura de Oliveira Lima, da Editora Vozes, 1973, é um excelente complemento.

Qual é a natureza e a função da comunicação na sociedade?

Embora ultrapassado em vários aspectos, o livro de Wilbur Schramm, PROCESSO E EFEITOS DA COMUNICAÇÃO DE MASSAS, continua útil.

O que é comunicação 103

O mesmo ocorre com as obras de Marshall McLuhan: A GALÁXIA DE GUTENBERG (Editora Nacional, 1972); OS MEIOS SÃO A MASSAGEM (Record), OS MEIOS, EXTENSÕES DO HOMEM etc. O livro TEORIAS DE COMUNICAÇÃO DE MASSA, de Melvin De Fleur, contém dados relevantes (Zahar Editores), enquanto COMUNICAÇÃO DE MASSA, de Charles R. Wright, oferece uma perspectiva sociológica e muitos resultados de pesquisas. A TEORIA DA INFORMAÇÃO, de Marcello C. D'Azevedo (Vozes, 1971), desenvolve o ponto de vista da comunicação como transmissão de informação.

Que implicações ideológico-políticas tem a comunicação?

Uma excelente coletânea de autores escolhidos cuidadosamente por sua posição progressista a respeito da comunicação é MEIOS DE COMUNICAÇÃO: REALIDADE E MITO, de Jorge Werthein (org.), publicado pela Editora Nacional, 1979. O livro COMUNICAÇÃO E PLANEJAMENTO, de Juan Díaz Bordenave e Horácio Martins de Carvalho, critica os modelos vigentes de planificação e uso da comunicação na sociedade capitalista. COMUNICAÇÃO E INDÚSTRIA CULTURAL, de Gabriel Cohn (Ed. Nacional, 1977), situa a comunicação no mundo empresarial que produz e vende mensagens. Paulo Freire, em sua obra EXTENSÃO OU COMUNICAÇÃO?, revela a violência antipedagógica da educação não-formal dire-

tiva. A Paz e Terra lançou COMUNICAÇÃO DOMI-
NADA, resumindo os modos de influência dos Estados
Unidos nos meios latino-americanos de comunicação.
Quem puder conseguir um exemplar do relatório da
Comissão da Unesco para o Estudo dos Problemas da
Comunicação, que apareceu em espanhol com o títu-
lo: UN SOLO MUNDO, VOCES MULTIPLES. CO-
MUNICACION E INFORMACION EN NUESTRO
TIEMPO, publicado por Fondo de Cultura Economica
en México, 1980, terá ante si uma visão global da situ-
ação e perspectivas da comunicação no cenário mun-
dial.

*Como é que a linguagem humana funciona real-
mente? Como se formam os significados na sociedade?
Como afetam os comportamentos?*

Existem textos sobre Semiologia e suas três
grandes divisões: a Semântica, a Sintática e a Pragmática, traduzidos para o português. Alguns deles são os
seguintes:

Ronald Barthes – ELEMENTOS DE SEMIO-
LOGIA, Cultrix, 1979.

R. Jakobson – LINGUÍSTICA E COMUNICA-
ÇÃO, Cultrix, 1973.

I. Hayakawa – A LINGUAGEM NO PENSA-
MENTO E NA AÇÃO, Livraria Pioneira Editora,
1966.

Ainda não traduzido mas excelente é o "paper-
back" de M. A. K. Halliday LANGUAGE AS SOCIAL

O que é comunicação

SEMIOTIC, The Social Interpretation of Language and Meaning, Londres, Edward Arnold, 1979.

A PRAGMÁTICA DA COMUNICAÇÃO HUMANA, de Watzlawick, Beavin e Jackson, focaliza a influência da comunicação sobre a personalidade e a conduta.

E sobre Comunicação Alternativa, Popular, Participatória, existem textos publicados em português?

Lamentavelmente, com exceção de FOLKCOMUNICAÇÃO, a Comunicação dos Marginalizados, de Luiz Beltrão (Cortez Editora, 1980), não há quase nada publicado em forma de livro. Jorge Werthein e Marcela Gajardo estão preparando uma coletânea sobre Educação e Participação para a editora Paz e Terra. Está também no prelo, na Paz e Terra, outra coletânea intitulada COMUNICAÇÃO E DEMOCRACIA NA AMERICA LATINA, organizada por Elizabeth Fox e Hector Schmucler.

—

Sobre o autor

Juan Díaz Bordenave é paraguaio, agrônomo, mestre em jornalismo Agrícola pela Universidade Wisconsin e PhD em comunicação pela Universidade do estado de Michigan, ambas nos EUA. Autor dos livros *Estratégias de ensino-aprendizagem* (Vozes, 1977, 12ª ed. 1991), com Adair Martins; *Além dos meios e mensagens – introdução* à *comunicação como processo, tecnologia, sistema* e ciência (Vozes, 1983, 5ª ed., 1991); *Teleducação ou educação a distância* , (Vozes, 1987); *Comunicação* e *planejamento,* (Paz e Terra, 1980) com Horacio Martins Carvalho; *Educação rural no terceiro mundo,* (Paz e Terra, 1981) com JorgeWerthein e prólogo de Paulo Freire. Como consultor internacional em comunicação e educação, presta serviços a organismos nacionais dos países latinoamericanos e a organismos internacionais como Unesco, FAO, OIT, UNFPA, Iica e Ciid. Reside no Rio de Janeiro desde 1968.